重塑
人设力

刘兴亮　白玉珊　著

人民东方出版传媒
东方出版社

目录
Contents

Part 1
定义——认清起点

1 为什么要塑造人设 003

明星们的"人设" 003

职场人设 004

打造人设的好处 006

2 找到你的独特优势 008

列出你的所有优势 010

筛选并整合你的优势 015

让你的独特优势可信 016

把独特优势转化为产品并实现变现 017

在实践中分析并调整你的独特优势 020

3 | **找到你的特质标签** 021

什么是特质标签 021

怎么找到自己的特质标签 023

别让你的性格黑暗面，毁了你的人设 025

4 | **培养通才素质** 027

作出正确判断 027

技多不压身 029

1 | 如何快速提升专业技能   033

2 | 学习高效阅读，掌握更多知识   043

读书的误区   043

制定书单   046

高效阅读的方法   050

3 | 外形是你的"第一符号"   057

4 | 让自己成为一个有故事的人   063

故事的力量   063

简单   067

意外   069

具体   071

共鸣   073

5 | 学会这些，你也能写出好内容 　076

写作的重要性 　076

写作的误区 　079

选题 　083

框架 　087

素材 　091

开头 　102

结尾 　105

标题 　108

修改 　112

6 | 怎么作一场打动人心的演讲 　116

演讲的力量 　116

人——声音、目光、动作、心理、穿着 　117

内容——听众分析、开场白、内容逻辑、

互动、救场、结尾 　124

画面 　137

7 | 我们需要积累人脉吗 　163

弱关系的重要性 　163

如何开拓弱关系 　168

1 | **微信朋友圈是你的隐形简历**　177

微信名　178

头像　179

朋友圈　181

2 | **打造属于自己的社群**　183

从零开始搭建社群　184

社群的人数和质量　187

如何管理社群　189

3 | **自媒体的力量**　192

自媒体的发展　192

账号定位　196

取个好名字　198

4 | 这是属于短视频社交的时代　199

短视频行业一览　199

短视频平台　200

垂直类知识短视频　206

短视频 IP 是怎么炼成的　211

5 | 知识付费是"人设"变现的
最好方式　225

为什么是知识付费　225

如何打造知识付费产品　226

1 | 创业者篇   239

2 | "运营喵"篇   243

3 | "程序猿"篇   247

4 | "设计狮"篇   250

5 | "产品锦鲤"篇   254

6 | "市场汪"篇   257

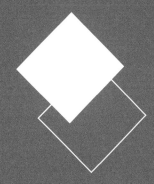

Part 1
定义——认清起点

1
One

为什么
要塑造人设

◆ 明星们的"人设"

　　随着一波一波的"人设崩塌","人设"都快要沦为一个贬义词了。这个来自日本动漫产业的词,最初很中性,意思也就是"人物设定"的字面意思,后来用于形容明星对自己公众形象的定位。

　　有人说,演员就是演员,歌手就是歌手,为什么非要给自己一个人设呢?做一个好演员、好歌手不就是最好的人设吗?果真如此吗?

　　在这里,我要提一个人,杨天真。

　　杨天真是一个艺名,但并不是一个明星的艺名,而是一个明星经纪人的艺名,不过大家对她的关注度并不亚于明星。因为参加了电视综艺栏目《我和我的经纪人》,本来就被称为"经纪人圈中 C 位出道"的杨天真,更成了热门人物。

　　杨天真在做经纪人的时候,经营过很多成功的明星案例,包括:范冰冰、鹿晗、张艺兴、欧阳娜娜、孔维等等。

　　先从范冰冰聊起吧,因为范冰冰算是杨天真经营的明星中最经典的一个案例。范冰冰刚刚开始出道的时候被一些非常负面的报道缠身,比如整容风波、各色绯闻等等,给她打上了"花瓶、妖媚"的标签。

　　但是杨天真为范冰冰打造了一个"人设",这个"人设"就是"范爷"。

自此以后，范冰冰的服装和妆容比较偏向中性路线，并向外宣称"我不需要嫁入豪门，我就是豪门"这一类的言论——于是，霸气外露的"范爷"活了，之前的标签也自然而然地烟消云散，算是来了个 180 度大逆转。

除了范爷这个非常经典的案例之外，杨天真旗下公司的艺人都各有其"人设"——比方说，鹿晗的"人设"就是"傻狍子""耿直北京小爷"；欧阳娜娜的"人设"就是"明朗的大提琴天才少女"；张艺兴的"人设"是"努力努力再努力的呆萌小绵羊"；张雨绮是"很虎的新时代女性"；朱亚文是"行走的荷尔蒙"……

有人说，有实力的明星根本不需要什么人设。是，如果你有足够强的实力，你可以不用再费尽心思打造什么其他的人设。不是说你不打造就没有人设，而是因为"老戏骨""歌王"之类的标签已经自然而然地贴在你的身上，你的专业能力就已经让你这个人占领了大家的心智，不需要再用什么其他的人设让别人记住你。

但我们不得不承认，每个领域的佼佼者都是少数，如果你是普通的大多数，或者你是想要变得更好的少数佼佼者，你都需要用心经营人设来助力你的成长。

◆ 职场人设

现在来问大家一个问题：你思考过自己的人设吗？比如名声如何，在别人眼中是什么形象。

也许你会说，我就是一个普通人，又不是明星，哪里会有什么人设呀？

此言差矣，人设本来就存在，问题的关键不是有没有，而是能否拥有自己想要的、对自己有利的人设，从而获得更多机会，看见更多可能性。

为什么有些人一辈子深陷职场出不来？为什么有些老板可以拿

"离开平台你什么都不是"来羞辱你？而又为什么有些人随便做个什么事都一呼百应？

要拿掉这些问号，我们恐怕要深入探讨一下人设这个东西。

本书中，人设指的是个体拥有的独特的、鲜明的、确定的外在和内在特质，包括形象、修养、专长能力、价值观等一系列内容。人设力即人设影响力。

职场中也会遇到人设的问题——在公司的老板面前，你的理想"人设"就是一个有想法又有执行力的"好员工"；刚入职场，你可能被评价为"傻白甜"；过度勤奋又会让你看起来很像"工作狂"；如果你擅长社交，也许有人会说你"八面玲珑"；但是如果你勤于工作懒得社交，就成了"性格孤僻""不合群"。总之，漫漫人生路，多的是现成的人设标签等着你呢。

也许你会说，我为什么要在乎别人给我贴什么标签？不是明明说好了要做自己吗？没错！其实这正是你要好好经营自己"人设"的原因。

职场上的"人设"绝对不是伪装成一种样貌或身份，它是你独一无二的特质和优势，它们越清晰，你就越容易摆脱那些刻板的标签，离"做自己"越接近。

我无法告诉你职场上哪种人设最好，职场之路本来就是一条不断发现和实现自我的道路。在每个节点，你都会有不同的"人设"，它既体现了你的职业技能，更关乎你的人际关系。你应该知道的是，不管你是何种人设，它应该始终"面目清晰"。人们一想到你，就会准确地想到那个形象。

研究显示，如果人们相信别人认识到了真实的自己，他们会更开心、更满足、人际关系更好，且更有目标感。有人说过你聪明、可爱或幽默吗？如果有，那么你的人设就包含这个特点。如果熟人在听到某些词、概念或职业时会首先想到你，那么你的人设打造就真的成功了。

要记住，不管你是否去经营，你的人设都实际存在。所以，为什么要把它丢给不确定因素呢？

◆ 打造人设的好处

在职场上打造人设是持续让别人知道你的才干与你对公司作出的最大贡献，你所得到的额外关注，将会让你赢得身边同事的尊重，让你更加自信，继而赢得企业高层的关注，获得从事更重要工作的机会。

比如，秋叶的"PPT专家"人设对他从事的工作——高校老师这一职位也有着很大帮助，对学校来说也是好事情，对秋叶所在学校的招生、毕业生就业等方面都会带来积极影响，也给学校带去更多声誉。个人影响力的扩大不仅让自己变现能力提高，也惠及自己所在的企业或机构。

有人会说很多职场成功人士也并没有刻意打造过所谓的人设，只是脚踏实地、勤勤恳恳地做出了傲人的业绩。

其实，为了留下具有积极性的"遗产"，成功人士总是会以努力奋斗的视角改写自己的故事，而不是告诉人们他们是怎样借助远远强于大多数人的打造"人设力"的能力，才走上了今天的位置。

也有人会说，经营"人设力"是自我吹嘘，难免有王婆卖瓜之嫌，其实不然。

我们从小被教导只要你上进、努力，你所做的都会被看到、被认可，所谓你若盛开，清风自来。进入职场，我们对办公室政治避之唯恐不及，生怕自己的努力成果被当成曲意逢迎的产物。但现实是，那些默默努力的人，的确没有被当成马屁精，但也没有得到应有的回报，甚至可能领导根本就不知道有你这号人的存在。

所以，"人设力"对于每个人都格外重要，因为只有这样，才能让更多的人了解到你的专长，才能让需要你帮助的人找到你，才能让领导需要用人的时候想到你。

人设还会给你的生活带去改变，一个拥有某一方面专业能力并在此具备"人设力"的人，在任何社群都会优先被人们认识，接触到更多人脉资源，获得更多有价值的信息，也会拥有更多信任，减少沟通成本。

人设的建立还将让你更加有成就感，更加充实，你的使命就是打造一个更好的自己，然后服务更多人，产生价值，这也是很多人对成功的定义——创造价值，影响他人。

打造人设的好处太多，简单来说，它能够让你真正活出人味儿——能够做更多自己想做的事，不管是在物质层面还是精神层面都能获得更大程度的满足。

物质层面，假如混职场，经年积累的人设是最好的简历；自己创业的，你的人设吸引的那一帮人是你最强大的后援团，进可攻退可守。

精神层面，你将能从极大的范围去寻觅与你志趣相投的人，解决高处不胜寒的窘境还得指望山外山；此外朋友遍天下，不管到哪都会给你很强的归属感。

努力去经营自己的人设，如果能让别人懂你，并恰当地为你提供机会和支持，生活会更简单、更令人愉悦。现在，你应该不再怀疑准确的人设的重要性了。那么接下来，我们就来看看，如何在职场上做一个"面目清晰"的自己。

你的完整人设由两部分组成：一是你的独特优势，它反映的是你的能力。二是你的特质标签，它反映的是你最鲜明的性格特点或价值观。前者侧重职场，后者侧重于生活。别人通过你的优势发现你，再通过你的特质喜欢上你。

比如你可能通过我写的文章发现了我，然后通过我很"有趣"这一特质喜欢我，最后成了我的忠实粉丝。

在后文我会详细介绍如何打造"人设力"。

你仔细观察一下，可能会发现你的身边有两类人：一类人是在专业方向探索自己的深度，在某个领域里达到极致，实现深度自我，凸显身份的个性化。不过，要想在某个已有的领域里登峰造极，是需要天赋和时间的积累的。想要通过这种方法快速构建强大的人设力，显然对绝大部分人来说不现实。

另一类人，会在多方向上探索职业和生活的自由化。从自我需要出发，寻找自己的燃点和更多新身份，凸显身份的碎片化。通常我们会用"斜杠"来形容这种现象。

摆脱单一职业的限制、开启多重身份、体验多样的人生，虽然这看起来很酷，但"斜杠身份"的构建往往会走入杂乱无章的自我堆砌，没有亮点也缺乏深刻，对于构建"人设力"毫无帮助。

所以，这两种方式都不太适合打造"人设力"，那该怎么做呢？

我们前文提到，职场上的"人设"是你独一无二的优势和特质，它们越清晰，你就越容易摆脱那些刻板的标签，离"做自己"越接近。

这里，我们就要找到自己的独特优势。

如果你只是一个程序员、一个设计达人或一个旅游爱好者，这是你的独特优势吗？当然不是。除非你是最优秀的程序员（设计师、金融学者）之一。但正如我们前文所说，在一个领域做到极致，是需要大量的努力以及一定的天赋的。

如果你是个"斜杠"青年——学的是心理学专业，目前做的是产品经理的工作，同时还是个金融学爱好者，是的，你挺独特的，可能没多少人像你一样在这三个方面共同发展，可是你的受众在哪，你确定会有很多人记住你吗？

　　找到自己独特优势的过程是一个战略聚焦的过程，这个范围越小、越清晰，你就越容易在潜在用户群心里形成对你个人鲜明的印象和认知，你的"人设"也就越有力量。

　　比如你给自己的人设是"资深产品经理"，这个人设范围太广，无法有效锁定你的潜在用户，所以是无效人设。

　　那怎么办？你需要具有整合思维。别忘了，你还懂心理学并了解金融行业，试着和你原来的人设整合一下？

　　如果你给自己的人设是"最懂用户心理的金融类产品经理"，这就是个有效的人设：第一它锁定了你的受众，第二突出了你核心能力，第三有特点能让人记住。

　　所以说你的独特优势是可以通过你的各个优势的有机整合得到的。

　　那么想要拥有独特优势，具体该怎么做呢？分为五步：

　　（1）列出你的所有优势：列出若干个你擅长的，或者你现在还不擅长但你想要学习的技能或想要进军的行业。

　　（2）筛选并整合你的优势：从中筛选两个可迁移的技能，这里的可迁移技能是指可以运用在多个行业的技能：如写作、策划、摄影；筛选一个行业，如人工智能。将技能与行业进行整合，得到自己的独特优势，也是你接下来要重点发展的方向。

　　记住这个公式：2个技能 +1 个行业 = 你的独特优势

　　（3）让你的独特优势可信：通过不断的刻意练习让自己在技能方面尽可能专业；通过大量的阅读、思考让自己对行业有深刻的认知。让自己具备可信的独特优势。

　　（4）把独特优势转化为产品并实现变现：根据你的独特优势，定制分别面向客户、用户、粉丝（对这三类人的定义会在后文讲到）的三类产品（如做自媒体、知识付费产品等），让你的独特优势为你的受众所知，也可实现变现。

（5）在实践中分析并调整你的独特优势：在形成产品后，我们会发现它可能并不受到市场的欢迎，这时候就需要去调整我们的独特优势。

接下来，我把每一步展开讲解：

◆ 列出你的所有优势

也许你能做的事情很多，但只有知道自己最擅长什么、喜欢什么才能把这块"长板"发挥到极致，取得更大的成功。

如果你很明确你的优势是什么，你可以跳过下面的内容，直接把你的所有优势列在一张纸上。

如果你不是完全确定，甚至根本没有概念，那么推荐大家使用《日行一律：90 天蜕变更好的自己》一书中介绍的两种方法——成就感估值法和借力夸奖法。

一、成就感估值法

在一件事情上获取的成就感越大，说明你越擅长。所谓成就感，就是你在接受赞誉或者取得成果时所体会到的愉悦感受。比如你画了一份设计图，不仅拿到奖项，还收到客户发来的感谢信，那你的成就感来源就是奖项和感谢信。

如何通过成就感估值法来判断自己的优势呢？有三个步骤：

1. 梳理

回忆自己做过的事情，统计一下在哪方面获得的成就感最多。最好能够选取人生的一个阶段，并按照时间的先后顺序进行梳理，具体时间段视情况而定。人生起伏不大，如刚从学校毕业或刚入职不久，可以选择最近 3 年到 5 年；若人生阅历丰富，做过几份不同的工作，那就可以选择 10 年到 20 年。

比如，小文做过的工作有：商务合作洽谈、写推广文案、助理等，平时的爱好有：看书、旅游、摄影，他想确定自己最擅长哪个类别。

表 1　做过的事情

	A	B	C	D
时间	2016年1月1日	2017年2月10日	2018年11月11日	2019年5月23日
事件	元旦营销文案	和某世界500强企业谈成合作	"双十一"主题的短视频	敬老院志愿服务
成就感	获得领导、同事好评，大量用户主动转发	公司年会表彰	观看人次200万、涨粉3万	受到老人们的喜爱

2. 合并

把选定时段的成就感写完之后，接下来要进行合并。小文的成就感来自几个完全不同又比较零散的事件，那该怎么办呢？其实不难，找出事件之间共性的关键词，再按照关键词进行合并即可。

表 1 中 A 和 C 可以归为一类。营销文案的撰写和短视频的拍摄都需要有精心的策划，才会有很好的传播力。所以，"策划能力"就是这两个事件合并后的关键词。

表 1 中 B 和 D 可以归为一类，可以抽出共同点"沟通能力"作为关键词。

3. 分析

归类后将优势进行排序。

小文合并后的优势有两个，沟通能力和策划能力。小文比对后认为策划相关的事件带来的成就感更大，那么他的视频号内容就可以讲策划相关的知识及案例，坚持下去，在这个圈子就会建立一定的影响力。

成就感是优势的体现，把它们收集起来，你就会找到自己擅长的领域。试着用一两天的时间，制作一份成就感表吧。

二、借力夸奖法

每个人都有过被夸的经历，夸奖除了能让人开心，还可以指明优势。聊天时，如果有 1 个人夸你："你说话真让人舒服"，当下会很开心，过后不久就遗忘了。但要是有 5 个人在短时间内这么跟你说，你可能就会意识到，原来自己很擅长沟通。

当然，不会有一群人无缘无故过来夸你，得学会主动出击，主动向他们提问：我哪方面做得最好？花两周或者一个月的时间，采用面对面聊天、微信或者电话的形式，邀请亲朋好友来指出你的优点。边听边记录，如果对方说了很多，要自己浓缩成一两句话。

要想得到更加全面、明智的意见，就得全方位获取他人的评价，可以把受邀人群分成三类：

生活圈：家人和好友。他们是最亲近也是最了解你的人，把计划告诉他们，你会收到最真诚的称赞，全面了解自己的优点。

职场圈：上司和同事。他们了解你的工作状态和工作能力，从他们的夸奖里，你会知道自己适合做什么工作。

学校圈：老师和同学。最好选择大学和高中时代的人来提问，因为你在这时候已趋于成熟，发展较为全面，行为模式基本定型。

从这三类人中，总共选取至少 20 人，数量越多，信息准确度就越高。要留意的是，向他们提问时，最好不要群发信息，而是一对一地沟通。

当你提问时，可以问以下这些问题：

● 你认为我有什么特殊的才能？

● 你认为我最大的特点是什么？

● 你觉得我最吸引你的特质是什么？我身上哪一个特质是你想具备的？

● 在 A、B、C、D（你感兴趣或者你认为擅长的事）……这些事里，你觉得我最适合做什么？

● 你向别人介绍我或者我的工作时会说什么？

● 如果你试图说服别人雇用我，你会说什么？

另外，还有两个需要注意的地方。首先，让对方在夸奖的同时举个例子，你可以更深入地了解到自己的优势；其次，同样创建一个表格用于梳理，把收集来的内容分别填充，表头是人物、夸奖内容和关键词。完成任务之后，总结一下哪个关键词出现的频率最高，它就是你最大的优势所在。

表 2　关键词

人物	同学A	同学B	同学C
夸奖内容	特别善解人意	学习很认真	聪明，成绩好
关键词	情商	学习态度	学习能力

当局者迷，旁观者清，借助他人的视角，可以更快确定自己的优势。

总结一下，有两个发现自己能力优势的方法，分别是成就感估值法和借力夸奖法，你可以根据自己的实际情况，选择其中一个，或者全部都试试，不断缩小范围，直到弄清楚自己擅长做什么。

三、你想要的优势

通过以上两种方法，你已经找到了你所具备的优势，可除了你现在已经具备的，在你心里可能还会有你感兴趣，但还没有精通的事情。如果你需要开发新的优势，下面的练习可以帮到你：

1. 罗列出自己所有的兴趣爱好

人们通常在他们最热爱的活动中表现卓越，因此你的独特优势与让你非常兴奋的事情直接相关。然而，我们通常太容易卷入生活中"应该的事"中，我们会忘掉我们的热情所在。因此，列举出能够引起你的热情和快乐的活动和事物，不要仅限于与工作相关的事物。你会发现在你生活中的热情里包括前所未料的事情。

将你喜欢的事和物，都罗列出来，比如写作、心理学、营销学、听音乐、健身……反正你喜欢的都先写出来。在你写的过程中，你慢慢会有种体会，什么是自己真正想做的。记住，想要做一件长期的事情，一定要从自己的兴趣出发。

2. 数据分析

通过第一步，把自己的爱好兴趣都罗列出来了，这个时候你就要开始分析一下，什么是未来潜力最大的。

举个例子：

你对于营销感兴趣，确实，只要商业存在，营销也一定会存在，在未来需求不会小。同时，人们越来越注重健康，健身市场也很巨大。

你可以通过查阅资料，比如一些行业深度文章、研究报告，如果分析得出确实有很大的需求，那么你的优势可以加上营销、健身。

◆ 筛选并整合你的优势

你已经列出了所有你已经具备及想要具备的优势，可能有五六个，甚至十几个。现在是进行选择的时候了。

我们会发现，多数的产品都试图拥有一到两个特殊的优势。比如"潘婷"让你拥有健康、闪亮的秀发，"海飞丝"让你拥有美丽无头屑的秀发。这并不是说，这些产品仅能带来这些好处，它可能同样拥有宜人的香气、保湿成分等等。但是好的市场营销者会做出选择，这就意味着坚持真正想要并且也能够拥有的一到两个核心优势。

你的人设也是一样的，许多人在此止步不前，他们觉得："我是全能型人才啊，我有许多的优势，我想在工作中把所有的都用上！"当然，你应该运用所有这些，你也会用上。但是你最想要你的受众记住你代表什么？你的受众只能记住这么多，而且你要保持一致以便你能因为特定的独特优势为他们熟知。

我们前文讲了一个公式：2 个技能 +1 个行业 = 你的独特优势。这里我再细化一下。你需要有一个核心技能，比如"产品经理"。这个优势应该是你在第一步运用成就感估值法总结出的最有成就感的那个优势，或者是你用借力夸奖法出现次数最多的关键词。你还要有一个稍次于它但能够为它润色的次核心技能，比如心理学。这个可以是你所具备的技能里排名稍靠后的技能，也可以是你还不具备，但你有兴趣学习的技能。注意，它要能和你的核心技能很好地结合才可以。如果完全关联不上，就不宜作为次核心技能去发展。

在初期，你还可以为自己特定一个细分的行业，这样更容易脱颖而出，比如金融业。等你有一定的影响力后，可以再拓展和延伸其他行业。那么你初步的人设定位就是"最懂用户心理的金融类产品经理"。

需要注意的是，这个定位并不是你的 slogan。也就是说，你不要到处去宣扬，我是"最懂用户心理的金融类产品经理"。而是时刻记得这是自己的独特优势，并在各个场景下去发挥你的优势，让大家记住你。

比如，我的两个技能是写作和演讲，其中写作是核心技能，行业是科技互联网。我对外可不会说，我是一个特别会演讲的科技自媒体人，我对外的身份是知名互联网学者、专家。而我之所以有这个身份，是在于我对于我独特优势的挖掘和运用。

我的成长路径是这样的：我大学的专业是计算机，如果我做程序员，也许今天我也只是一个平庸的程序员，因为这不是我的兴趣所在。而我运用我热爱的写作技能结合我的专业，让自己成为了科技互联网行业的意见领袖；又因为我比较能说会道，所以随之而来的邀约就是演讲以及电视台节目。这两个技能和一个行业的结合所积累的经验（也就是我的独特优势）成就了我今天互联网专家的身份。

再举个例子，吴晓波是我非常喜欢的财经作家，他的独特优势在于将文学写作手法融入了财经研究中，《大败局》《激荡三十年》《腾讯传》这些作品给予读者的感觉不仅仅是一本经济史研究类的专著，同时也像读起来让人心潮澎湃的小说。吴晓波之所以能自成一派，与他早期在复旦接受专业的新闻学训练，后来长期的财经研究密不可分。会写作的人不难找，会采访的人不难找，懂财经的人也不难找，然而在三个领域（两个技能，一个行业）同时具有洞见的可能只有吴晓波了。

◆ 让你的独特优势可信

为什么你的受众愿意相信你能给予特定的独特优势呢？你的优势必须可信，具备说服力，可以从以下几方面来说明：

教育。比如你获得了某著名大学的学位，或者可能是你参加了特殊的培训课程。

经验。可能是你在某个领域工作了很多年，或者你写了一本与你的独特优势相关主题的书。你也可能做讲座，进行研究，创立或者参与项目，使得你特别有资格提供你的独特优势。

认可。比如你某个自媒体账号有很多粉丝，大家都觉得你在这方面很专业，或者是某位大佬为你站台背书。

不管是什么形式，它们需要足够有力，使得你的受众相信你能够满足他们的需求。但我相信，大部分人的优势还不具备以上条件，那么建议你可以通过以下几种刻意练习的方式来打造：

进行专题阅读。选择和自己的优势相关的方向，购买相关图书10—20本进行精读，做阅读笔记，掌握书中的精华，并制作成主题演讲PPT。当你能就这个主题进行两小时的主题分享时，就说明你已经基本具备这个优势相关的基础理论知识了。

积累实战经验。多看、多听、多做跟你的优势相关的项目和工作，在实际工作中积累经验，向在这个领域中具有丰富经验的资深人士请教，甚至可以参与一些没有报酬的脑力和体力劳动，快速地实现知识和理论向经验和能力的转化，从而为打造独特优势铺就扎实的道路。

去参加跟自己优势相关的讲座，学习专业人士的经验，并跟这个优势相关的圈子建立链接，参与到圈子的讨论中去，研究别人的视角，发现自己需要继续补足的地方，在接下来的时间里一一补足。通过这样的社交活动，还可以积累起自己优势所在领域的人脉，他们中可能有人会成为你独特优势打造的贵人和导师。

这部分内容我们还会在"如何快速提升专业技能"中展开来讲。

◆ 把独特优势转化为产品并实现变现

觉得自己学习打磨得差不多了，具备独特优势了，接下来就要把你的优势，变成对用户有价值的标准化"产品"，让它变得具有传播力并且实现变现。

什么是对用户有价值的产品？它和独特优势有什么不同？

独特优势是你具备的解决问题的能力，每个领域的问题可能非常混杂，优势的高低也没办法进行客观、标准的评价。

要让市场认可你的能力，你还必须输出价值。你要具备这种把你的优势变成标准化产品的能力。这个产品，要让你的目标用户愿意买单，能为他们带来显性的价值。比如这个产品可以是一个付费社群，可以是一个课程，可以是一个自媒体号，等等。如何打造这些产品我们会在后文详细展开，这里先讲方法论：

通常情况下，我们会把所有关注我们的人统称为粉丝。但其实不能一概而论，大体来说你面对的是三类人，我姑且用"客户、用户和粉丝"来为这三类人命名。（在后文，如提到用户、粉丝等词，除非有特别说明，否则指的就是我们普遍意义上的用户、粉丝，和这里的分类无关。）他们有什么区别呢？

客户是指一对一给你派发订单，让你从中获得收入的人，一般情况下是企业端。比如你是个程序员，那可能有企业找到你，把一些开发工作外包给你做。

用户是指那些想从你身上获取价值而不关心你是谁的人。比如，你有一个公众号，里面会介绍许多好用的应用。用户会对你的内容感兴趣而关注你，但如果有一天你开始发你早上吃了什么，今天去干吗了，他们可能就会取关。

而粉丝是指那些想成为你的人。比如你用三年时间，成长为了某知名互联网公司的研发总监，那么对于那些同样在做开发的人，或者想进入这行的，你就是他们学习的榜样。他们关心你的成长经历，他们想和你一起进步，他们甚至想知道你每天的生活、工作状态。

那面对不同的人，就会有不同的产品。给大家举个例子：

小Z比较擅长写文案，希望打造自己以文案能力为核心技能的独特优势。同时她还非常擅长与人沟通，所以，商务合作能力很强，这可以作为次核心能力。但是因为她平时接的各种文案比较杂，没有标准化的产品，来找她写文案的人也是零零散散。

她决定把自己的文案能力，包装成可以让用户比较容易就评估、理解和购买的标准化"产品"。于是她分别打造了三类产品：

1. 打造面向客户的产品

把自己能写的文案类型做了个精确梳理，聚焦在"互联网"行业，写了一个自己的介绍；包括她的文案能力、专业背景、很牛的文案案例、解决了客户什么问题、服务过的企业等。

在猪八戒网、58同城、淘宝等平台上，把"为互联网企业撰写文案"作为一个产品放在上面，等待客户找上门。

2. 打造面向用户的产品

她建立了一个自媒体，专门分享优质的文案策划案例，很多相关的从业者都对这些内容很感兴趣，吸引了很多人关注。之后，她通过流量实现了广告变现。

3. 打造面向粉丝的产品

有很多职场文案小白，非常想和她一样能找到自己的精准定位，并快速成长。于是她开设了一个"如何成为月入5w的文案"的知识付费课程，并在荔枝微课、千聊等平台上宣讲。同时借助于她的商务合作能力，她和各个平台相关负责人建立了一定的联系，得到了较多的曝光和推荐，课程卖得不错。

在这个过程中，我们看到小Z比较模糊的技能——撰写文案，完成了标准化产品的转化。

个人能力高低难以评估，可是标准化产品能解决用户的什么问题，能给用户带来什么价值，一目了然。

通过两到三年的实践，你就会在该领域里初露锋芒，形成自己的"人设力"。

◆ 在实践中分析并调整你的独特优势

有时候我们在设计出产品后发现，自己的这个产品并不受欢迎，这时候，我们就要对自己的独特优势进行调整。

比如，知名创投人诸葛思远，她最开始在"在行"上发起的付费话题是——GMAT 770 分？你也可以！

GMAT 是成功入学美国 TOP 商学院最重要的敲门砖之一。按道理说，这个话题是很有吸引力的，谁不想成绩能迅速提高？而且一般的培训班动辄好几万元，她的这个话题不到 700 块钱就可以告诉你快速提高成绩的诀窍。

最开始，她觉得这个课程肯定很受欢迎，但结果并不理想，约见她的人寥寥无几。这时候，她又用自己的另一个优势——找人，发起了"快速找到并结识你想要的任何人"的话题，结果大受欢迎，已经有上千人付费和她面聊或线上学习。她后来也把这方面的内容整理出书了。她的"找人高手"这一人设也深入人心。

所以，很多时候，我们不是确定了一个独特优势就去死磕它，而是要通过产品去验证它，通过一定的周期（比如 3 个月）的验证，如果发现这个产品确实是受欢迎的，那么说明你的人设定位是对的，如果发现它不受欢迎，那么，你就要将你的优势进行重新组合，形成新的独特优势，再去通过产品验证。

很多成功的创业项目都不是一次就做成的，就连腾讯这样的公司，已经做了 QQ、微信这么成功的社交产品，可以说是很懂用户了吧，可它在短视频领域，除了布局了 2020 年备受瞩目的视频号，在此之前还有微视、下饭视频、闪咖、速看、DOV、MOKA 魔咔、猫饼、MO 声、yoo 视频等十余款短视频 APP。不断地尝试，不知道哪一个最后能成。

如果你第一次组合的独特优势就能够获得成功，那恭喜你，你很幸运。如果不成功，也千万别丧气，这是正常的，多去分析总结，通过不断的实践总能找到适合自己且相对更受欢迎的独特优势。

工业化时期的"组织"追求共性。比如，统一的职业装和公司价值观、标识等，一系列的文化符号、心理暗示和行为规范。一个新员工入职一个公司时，往往要先进行这种洗脑式的培训，在长期的工作中慢慢习惯于从众，价值认知受到环境的影响。符合公司、领导、他人的期望常常掩盖了自己的价值认知。

当人们离开家，公司里按组织结构形成的同事、上下等级关系，人与人之间能够相互吸引，依靠的是观念、情感、品性等。因为价值观对人的心智有锚定作用，所以价值互联的关系具有更稳定的黏合度。

你一定有自己的偶像，他不一定是他所在领域专业能力最强的，但你会觉得他有一种人格魅力，所以相对于其他人，他格外地吸引你。而这种人格魅力，就是他的特质标签在发挥作用。

你的独特优势会让一些有需求的人找到你，但如果想让他们喜欢你，和你产生更长久、密切的关系，你就需要体现你的特质，让用户感受到你是一个活生生的有个性的人，而不是一个冷冰冰的标准化的产品。

◆ **什么是特质标签**

独特优势是一个名词，比如，我是一个科技大 V，他是一个 PPT

达人，而特质标签是一个形容词，是你的态度、个性、气质、品质的集合体，你是有趣的，还是博学的，是平易近人的还是敢爱敢恨的。

比如在一众投资人中，徐小平被誉为"中国最可爱的天使投资人"，可爱就是他的特质，他的特质标签使他区别于其他同样优秀的投资人。

在互联网科技圈，创始人或 CEO 往往通过其个人极具鲜明的人设特征，达到一种个人品牌化、品牌个人化的效果。他们本身作为企业的一部分，很大程度上代表了其所在企业的品牌、理念、文化和产品，这也使他们成为了为企业发声的最佳形象代言人。

一、励志的马云

"翻译社靠卖袜子补贴""上国家某委推销遭白眼""连续 4 次创业失败抱头痛哭""最窘迫时卡里只有 200 块钱，仍放弃苛刻投资""阿里巴巴遇'非典'差点夭折""遭 eBay 全面封堵终逆袭"等等这样的故事，在千千万的马云信徒们看来，似乎本身就预示着一种必然成功的传奇性，确实振奋人心，许多后来的创业者们也都多少受到了马云人设故事的影响。而他的成功也很好地诠释了"唯有坚持，才是真理"。梦想还是要有的，万一实现了呢？

马云的"励志"人设得到了广泛的传播，进一步巩固阿里的商业帝国，实现商业领土扩张，更扩大了阿里系的忠实盟友。

二、"呆萌"的雷军

大家都听过那首《Are You OK》吧？

当雷军在印度举行了小米发布会之后，一首《Are You OK》传遍了大街小巷。这首歌实际上是 2015 年小米在印度的发布会上雷军的一段中式英语秀，本来是看起来并没有什么特别之处的演讲，但一经网友们的恶搞和传播，立马以风格迥异的方式鬼畜了起来。

与此同时，雷军就多了一个全新的人设标签——"呆萌"。此前雷军给外界的印象，大概只有"低调""腼腆""理科直男"等等。

《Are You OK》的流传不仅仅是一个巧合，小米集团也在背后推波助澜。小米不仅官方认可这个恶搞段子，还借此营销在小米曾经发布的互联网音箱里面隐藏了一个"彩蛋"——当用户拿着这款智能语音音箱大喊一声"雷军"，就会播放《Are You OK》这首歌。

这是一种高效便捷的营销手段，提高了小米的曝光率，为小米打造更年轻、更让用户喜闻乐见的形象。

还有很多地方都在体现雷军的"呆萌"。比如雷军名言——"今天我吃亏了不要紧，因为也许明天就会有回报"，或是他在人民大会堂玩自拍，在办公室做新的产品直播，在《奇葩说》秀英语，等等。

三、洒脱的丁磊

丁磊一直以来有很多标签——"任性总裁""小众音乐爱好者""32岁成为中国首富"等。这些标签虽然也不错，但不接地气，和群众的距离有点远。

而当丁磊选择了一个令人大跌眼镜的事业——养猪后，他的人设就更清晰了。

世界上养猪的人比比皆是，养猪本不是什么特别的事，然而丁磊去养猪这件事，本身就会具有一定的话题性。再经外界添油加醋的传播之后，丁磊的形象变成了"不世俗""洒脱""中国唯一开心的有钱人"。丁磊的那句"赚钱只是顺便的"的名言也就腾空而起。

◆ 怎么找到自己的特质标签

认知是一个痛苦的过程，就好比你脱光了站在镜子面前，去审视自己，发现自己的长处，接受自己的短处。

那如何认知到自己的特质呢？这里有一些你可以向身边的人提的问题，让你更好地了解你的特质是什么。

你想到我的时候，最先想到的几个描述性词语是什么？

你最想拥有我身上的哪个特质？最不想的又是什么？

如果要给我介绍男／女朋友，你会怎么向他／她推荐我？

或者最简单的，发个微信朋友圈：请用三个词来形容你心目中的我。问问你的同事或者你的客户、同学、朋友、亲人，听完他们的评价，自我检查——我是不是这样的人？我怎么改善？说的对不对？

这个要求让很多人非常迟疑，觉得很不好意思。但又有什么可担心的呢？其实大多数人担心的，是怕他人的评价并不是自己想要的。但这个练习非常有价值，因为很多时候，他人对你的认知比你对自己的认知，更正确。

我认识的人中就有这样的案例：他认为自己是这样的人，但他妈妈的评价是相反的。后来问跟他长时间接触的人，人们都说："你妈说的对，你就是这样。"所以想要对自己有一个准确的认知，不能凭感觉，要问问熟悉、了解你的人。

在研究你的特质时，你可能会发现你的特质和你的独特优势不匹配甚至是冲突的。比如说，你是一个程序员，但大家认为你的特质之一是想象力丰富、常常天马行空，而你的受众（比如你的雇主）可能更希望你是逻辑缜密的。所以这一特质不适合作为你的特质标签。

不过，如果你说你自己是一个逻辑缜密的程序员，那可能又是一句废话，因为我们几乎把程序员这个职业和这个人具备逻辑缜密的特质联系起来了，这样一来，你所强调的特质并不能帮到你打造更强大的人设力。

那么该怎么办呢？选择那个和你的独特优势既不冲突也不重合的特质作为你的特质标签。作为一个程序员，思维发散是和独特优势略有冲突的特质，逻辑缜密是和独特优势有重合的特质，但是幽默风趣，就是为你的独特优势加分的特质。

特质也是可以开发的，当然不同于能力，你的个性、气质通常是与生俱来，或是后天形成但已经在你身体内沉淀几十年，改变会比较难，那你就需要弱化和独特优势冲突的特质标签，强化那些相对匹配的特质。

如果你想要开发新的特质，该怎么选择呢？下面的练习能够帮到你：

列出你欣赏、钦佩的人，可以是你身边的人，也可以是名人，至少3个。

仔细想想他们身上的哪些特质让你觉得他们极具人格魅力。

把这些特质一一列出，并找出这些人的共同点。

比如最后你发现，你喜爱并钦佩的那些人情商都很高。那对你来说，高情商就是比其他一切都重要的特质，也就是你想应用于你的人设的特质标签。当然你选出来的这个特质一定要遵循我们刚才讲的，和独特优势既不冲突，也不重合。

◆ 别让你的性格黑暗面，毁了你的人设

我们在树立人设时往往聚焦于自身优点，比如可爱、勇敢等特质，但这些优点也往往有它的阴暗面。比如，当人们得益于良好的人际能力时，就很难控制它的负面效应，如果任其发展就真的有可能让你变得不择手段、两面三刀，那你也真的要面临"人设坍塌"了。

在《驾驭你的黑暗性格》一文中，霍根测评公司（Hogan Assessment）CEO，伦敦大学学院和哥伦比亚大学商业心理学教授托马斯·查莫罗 - 普瑞姆兹克指出：谨慎的领导者给人控制力强、注重风险管理的错觉，但他们可能过度谨慎，甚至阻碍发展和创新；容易激动有助于你在同级和下属面前，展现出自身富有激情的一面，但也可能让你变得喜怒无常；细致让你留意细节，高质量完成工作，但过于细致会演变成拖延症和追求完美主义的强迫症。

马老师的励志故事鼓舞了很多奋斗中的年轻人，可是，同样是励

志，当马云对 996 表态后，他在大家心中的人设就有点"塌"了。

"能做 996 是一种巨大的福气，是修来的福报。"

"不为 996 辩护，但为奋斗者致敬。"

"真正的 996 是花时间学习、思考、自我提升。"

虽然马老师说的是肺腑之言，但已经脱离普通人的所思所想，引来全民讨伐。

所以我们要防止自己表现出破坏性特质的行为。但这并不是要求你重建特质，而是能在关键场合控制你的行为，维护你的人设。

培养通才素质

当我们找到自己的独特优势和特质标签后，可以说我们的人设就已经定位好了，那为什么我们还需要再培养通才素质呢？接下来我们就从两个方面聊聊。

◆ 作出正确判断

小 D 大学学的是电子商务专业，她说："这个专业不仅仅要学电子商务相关的东西，还要学管理学、经济学、计算机。就拿计算机这一类来说，我们学了 Java、C 语言、数据库、web 编程、计算机网络……讲真，这三大类任何一类里的一门课程就够我们学 4 年了。当时我和身边很多同学都在吐槽，这个专业学得这么杂，以后都不好找工作，学校怎么这么蠢。然后就以此为借口不好好学习。等毕业后我意识到，真正蠢的是自己啊。那些知识虽然不能成为我工作后的核心优势，却能让我对自己的人生朝什么方向发展作出更好的判断，也能扩充自己的知识结构，让我和不同行业的人交流更通畅。"

直到现在，我遇到很多人谈及自己大学的专业，也都一脸嫌弃："什么都学，结果现在自己没有一方面是很专业的。"

为什么"专业化"的理念会根深蒂固地植入到了我们的意识中呢？

十九世纪末，亚当·斯密在《国富论》中正式提出"专业化"理论，他认为如果劳动力能更加专业化，生产效率就会提高，那么国家也会因此更加富有。在此之后，整个世界一片欣欣向荣，人类物质文明因为效率的提高和欲望的释放而迅速发展。"专业化"在"效率至上"的时代以及人类物质财富积累的过程中扮演了十分重要的角色。

然而现在的问题在于，我们已经迈入了一个全新的时代，这是一个选择比努力更重要的时代啊。比如说，毕业后我们应该从事哪个行业，比如说我们应该先凑钱买房还是先花钱投资自己？

而做出正确的选择需要我们对社会发展的本质和规律有着深入和全面的了解，然而大多数人不具备这样的能力，因为"专业化"把原本完整的东西分割成独立的碎片，导致了我们机械化和碎片化的世界观，无法从统一的、整体的角度去理解和思考这个世界。

美国曾统计过各大学毕业生的入职年薪，前10名，除了工科较强的斯坦福大学和以商科见长的宾夕法尼亚大学是综合性大学之外，其余清一色是理工大学，如：麻省理工、加州理工、佐治亚理工等，哈佛、耶鲁、普林斯顿等常春藤名校都不在其列。

但对比15年后的薪资情况时，那些以通识教育见长的大学，如：哈佛、普林斯顿就挤进了前10名，超越了以工科、商科为主的大学。

收入虽然并不是衡量毕业生价值及大学好坏的唯一标准，但至少可以说明通识教育的重要性。

一个人的知识越全面，对世界的认知就越完整，便越接近于真实的状态，对于规律的把握也就越精准。这样的人才能走在时代的前端，并能在这个复杂多变的商业环境中拥有更高的成功率。

所以从这个层面，培养通才素质对打造人设力的直接帮助是：在你确定自己的独特优势时，你能够判断出哪些技能、行业是更有前景的，选择那些适合自己且更具有潜力的领域，你将事半功倍。

◆ 技多不压身

作为一个有点影响力的大 V，我平时会接触各种各样的人。这就需要有广泛的阅历和视野，像"万金油"一样，遇到不同的人，都能进入对方的交流语境，尽快形成通畅的合作关系。

很多在我们看来事业非常成功，或在自己的专业领域做得非常精专的人，都有自己与专业无关的爱好——比方说某高新技术企业的 CEO，却对玉石非常有研究：不同种类的玉石的地理分布区域、成色、价位、打磨方式等，都是他熟知的范围。当你与他聊天时，这些表面上与专业无关的话题，其实都是在展示你的视野和综合能力。

俗话说，见微知著——一个人的人生观、世界观、对事物的认知、价值体系，都是在这些小事上面体现的。而人与人之间合作的气场和共鸣点，也能够以此为起点去寻求。

很多表面看似徒劳的事情，实际却是无用的大用。

就如乔布斯辍学之后，并不是离开学校，而是旁听了诸多自己感兴趣的综合类的课程，尤其是美术课。10 年后，乔布斯在辍学时期旁听的美术课程，成为他设计电脑可变字体时最有力的基础和功底。

现代管理学之父德鲁克说："一个人在年轻时代，最容易了解逻辑、学会运用逻辑分析和数学工具。年轻人也比较有能力对科学和科学方法有基本的理解，这些都是管理者需要的知识。但是，要为未来的管理工作做准备，年轻人还需要接受通才教育。"

例如，"短篇小说的写作与诗歌鉴赏"对于培养管理者很有帮助。诗歌能帮助一个人练习用感性的、富有想象力的方式去影响他人；而短篇小说的写作则能够培养一个人对于人际关系的入微体察。而最可悲的事情莫过于年轻人在商学院学了"人力资源管理"的课程知识后，就自认为具备了管理别人的资格。德鲁克能成为现代管理学的开创者，源自他对管理领域和时代的深刻洞察，而不只是知识匠人。

投资大亨巴菲特的合伙人查理·芒格，毕生钻研商业系统和许多其他学科来构建多维思维模型。例如，芒格运用物理学、数学、生物学、经济学、工程学、心理学等多维思维，理解市场和经济运作，成为备受巴菲特看重的商业模式识别大师。

这种具有多个领域的思维和体验的人，被称为跨界者，跨界已经成为一种现象级的个人发展策略，它会成为你打造人设力的强助攻。

像我们做自媒体，捕捉热点的能力很重要，但能不能将热点和你的人设定位完美结合，就很考验你的跨界能力。

比如我很喜欢足球，那么在世界杯期间，我虽然不能破坏我互联网专家的人设，做一期完全谈论世界杯比赛的节目，但我可以做一期《世界杯中国互联网队最佳阵容》的节目。将体育和互联网结合，给中国的互联网公司排兵布阵，如果让他们来踢一场球，他们会各自站在什么位置，他们各自的特点又对应着哪一个足球明星。这样的互联网行业的节目在世界杯期间就很有看点。

所以，从这个层面来说，培养通才素质对于打造人设力的直接帮助是：让你的人设在各种场景下都能得到最大限度的发挥。

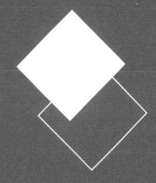

Part 2
修炼——塑造人设的必备技能

我们在"找到你的独特优势"中，有提到要通过刻意练习让你的独特优势可信，这里我们就来具体讲讲如何进行刻意练习。

很多人都知道"一万小时定律"。丹尼尔·科伊尔的《一万小时天才理论》与马尔科姆·格拉德威尔的一本类似"成功学"的书《异类》，其核心都是"一万小时定律"，就是不管你做什么事情，只要坚持一万小时，基本上都可以成为该领域的专家。

一万小时到底意味着什么？假如你一天工作8小时，一周工作5天，一年52周，这样你只需要4.8年就能成为一个行业里的顶级专家或者天才级的专家。看起来很容易哦，你上了一所大学，再加不到一年的时间就能成为一个天才级的专家。

当然，这个一万小时只是一个大概的数字，不同的行业情况会很不一样。你只要知道，你需要不断地进行刻意练习就可以了，至于多久能成为专家，我只能说，一切皆有可能。

那么，什么是刻意练习呢？它为什么又是离开自己舒适区域的有效方式呢？

心理学家在人的知识和技能方面，画出了一个3个圆形层层嵌套的区域（见图1），如果换一个生动形象的例子来举例，我们的心就像是

图1 恐慌区、学习区与舒适区

一个洋葱——洋葱最外的那一层叫做"恐慌区","恐慌区"的知识和技能是我们无法涉猎的领域。而洋葱最内的那层叫做"舒适区",舒适区是我们已经熟悉的掌握和认知的领域;而中间的这一部分就是我们可以进取的空间,也叫"学习区"。

大多数人有了"舒适区"都会习惯于止步于此,而研究表明,只有突破一个人的"舒适区"进行到"学习区"之中,才拥有进步的可能。待在学习区就是在进行刻意练习。

我们不妨举一个钢琴的例子,爱好钢琴的人想要去体会练琴的过程,大部分人只要能够熟练地演奏一首自己喜欢的曲子就觉得非常满足,并止步于此。而顶尖的钢琴演奏家却具有一种刻意练习的能力,他们会找出自己在钢琴演奏中所出现的问题和能力上的不足,针对这一部分的弱项集中地、高频率地去进行练习,弥补自己在演奏过程中的短板,于是钢琴弹奏水平大大提高了。

有些人工作了10年,却在10年的工作里重复着相同的事情,没有刻意去弥补和提升自己的短板,因此,他只能成为行业里一个具备长期经验的人,却没有能够成为更为优秀的人。而另外一些人,尽管他在行业里面也许只有5年的时间,但在这5年里,他不断地针对自己的短板去做大量的刻意练习，于是在行业内取得了卓越的成绩。

所以拥有 10 年工作经验的人和拥有 5 年工作经验的人。他们之间的差距并不是 10 年和 5 年的差距，有可能是 1000 小时刻意练习和 5000 小时刻意练习的差距，这就是为什么有的人工作时间虽然不长，却成绩显著。无意识地增长经验，在工作中会越发疲乏和力不从心；而有意识地大量刻意练习，能够用最快的速度和最高效的方式到达顶尖水平。

比如，你对互联网行业很感兴趣，有空的时候看看互联网思维相关的书、看看我写的文章、《亮三点》节目，这很放松和有趣，但是这和专业的互联网行业研究是两码事。

在刻意的互联网研究中，你找到一个很难完成的任务，比如未来最具前景的互联网创业方向。为了完成这个"离开舒适区"的任务，你需要进行采访，你需要搜集大量的数据，你需要进行各种分析……这绝对没有任何舒适的享受和轻松的乐趣。

当然，所谓的"舒适区"和"学习区"都并不是绝对的，而是在不断地转化过程中——当经过了一段时期的刻意练习之后，一个人"舒适区"的范围就会向外扩张，此时，一部分的"学习区"也就转换成了"舒适区"。在此基础上，新的"学习区"就会形成。

我们应该主动地去查找相关领域的学习资料，不断地为自己建设新的学习梯度和学习目标，这样才会使自己的"舒适区"不断地扩大，"学习区"不断地更新。

那么，具体应该如何进行刻意练习呢？

第一步，获取知识。

只有知识量达到一定的规模，我们在某种程度上才能去应用。以下是获取知识可以采用的有效方法：

（1）人是知识获取的重要渠道，所以你应该知道谁最擅长什么，遇到问题时知道可以向谁学习和请教。

在学习过程中大家要特别注意的一点是：在没建立相对的"大局观"之前（尤其是一个全新的领域），就深入去挖无穷无尽的具体细节，极容易给自己带来"乱花渐欲迷人眼"的错觉而丢失学习方向。而学习过程中最怕的就是没有方向！要解决这个问题，解决方法只有一个——先建立关于这个领域的知识框架。

找人请教是最好的帮助你构建知识框架的方法。

找准领域标杆或目标专家，向其请教：这个领域的学习过程是怎么样的？推荐的学习资源有哪些？在学习过程中有哪些要注意的问题？等等。比如，在行 APP 可以提供专家一对一咨询的服务，有些行业内的专家咨询只要几百元，相对于你的问题的重要性，还是很便宜的。

和高手交流、咨询，让你明白应该先学什么，后学什么，怎么学，哪些是最核心的东西，哪些可以暂时先放一放。有了这些知识可以让你开始绘制学习的路线图，有了学习的路线图，可以让你更快地获得这个行业的知识。

（2）提出或收集该领域内的 100 个问题，并给出逻辑完整的解答。

提出问题也是一个非常好用的方法。具体来说就是提出或收集某个领域内的 100 个问题，并给出逻辑完整的解答。也许你会认为这个步骤非常简单，但实际上完全做到这件事非常困难。

在刚开始收集问题的时候，我们可能会收集到很多大多数人对这个领域共有的问题，此时，你可以借助百度、知乎、果壳、向人请教等各种途径。而这些问题的体量所占的比重只能够占到 50% 。之后再想收集更多的问题就会存在很大的困难。

因为，刚刚开始收集问题的时候，我们所提出的问题相对来说都比较宽泛。这些问题是从事这个行业的人最基础的疑惑，但当问题到了五六十个的时候，你就会发现你再想提出问题，就需要一定的知识基础和专业性。只有这样，才能触及这个领域更为深层的地方。

当你真正找到了 100 个不同的问题，说明你在这个领域的研究已经达到了一定的深度，并具备一定的专业基础；而当你完整地回答了这100 个问题的时候，你在这个领域就基本达到了精通的程度。

（3）阅读书籍与学习：找到该领域内最经典的 10 本专业书籍，进行重构式阅读。

所谓重构式阅读，就是在阅读的过程中，用自己的语言，依照自己的理解，把这本书重新写一遍或者把它转换为一次 PPT 演讲，这是一个再创作的过程。

这一步是在前面收集问题并解答问题的基础上进行的。

前面通过收集 100 个问题并给出逻辑完整的解答，你算是做到对这个领域很了解了。但是至此，你只是对这个领域的各个散点都比较清楚了，而对整体的逻辑并没有什么概念。

这时，你就需要通过对该领域的最经典的 10 本专业书籍，进行仔细阅读，并重构式地写一遍。如果你能够做到成体系地把这个领域内的知识和技能做一遍梳理的话，那么你基本上就达到了理论上的专家的水准。因为所谓专家，无非就是全面、系统地掌握领域内知识的方方面面的人——既要能了解到最细节的层面，又要能从宏观上看到整体的逻辑架构。

（4）带着阅读和学习中的问题，去着力攻克所在领域中某些难点、重点，通过复习的方式不断地对知识进行梳理、回顾。

在这里非常强调的一点就是关于记忆。哪怕你都感觉对某些内容很熟悉了，我们还是希望你能把这个领域的基本知识框架给记下来。

不要以为知识装进了脑子就一劳永逸了，**人脑有一个遗忘曲线，指的是时间过得越久，很多原本记忆深刻的内容会慢慢地变得模糊直至遗忘。**

所以除了大脑以外，在学习过程中我们还应该有意识地利用工具去记录、收集、整理相关的学习要点，建立该领域的文本知识库，方便温故知新、辅助学习，甚至直接调取使用。

以知识管理为例，我身边优秀的朋友大多数会用有道云笔记、印象笔记这一类的软件来建立自己的知识库，与大脑形成相应的互补（在"素材"部分我们有讲到如何使用印象笔记，大家可以翻到那里去学习）。毕竟好记性不如烂笔头，学会借助工具，建立自己的"外脑"知识库是科学、高效学习的另一个要点。

插句题外话，本质上百度也算大部分人的一个外脑，只是领域太大了，你很难在短时间找到自己领域里极具价值的内容。

第二步，内化知识。

为什么现在很多的人去听各种课，最后却感觉没什么成长呢？是因为它只是解决了刚才我们讲的第一步，而且还没有解决好。学了一大堆似是而非的新的概念，把事情搞得很混乱，而且总是想走捷径，觉得好像只要掌握了一个理念，就能一切迎刃而解。哪有那么好的事情？

有些事情是别人无法替代你做的，你可以去听课，但是那些大师不能帮你去做，你必须不断地去实践，不断地反思，不断地对标，不断地询问，才能有所成长。

想要将知识更好地内化为自己的，这几个方法能帮到你：

（1）多类比：开拓、提炼知识点与某个更易理解的知识点之间的重要相似点，"以熟带生"形成深的关联记忆。比如说你想了解5G，如果你本身对4G很懂，那理解5G就相对容易多了。

（2）可视化：抽象的知识概念理解起来往往异常苦涩也难以记忆消化，学会在脑海里把概念具体化，构筑出画面，会加深你对这一知识点的理解。

举个例子：我想理解并记住狭义区块链的含义（一种按照时间顺序将数据区块以顺序相连的方式组合成的一种链式数据结构，并以密码学方式保证的不可篡改和不可伪造的分布式账本），我会在脑海里把它转化成一节节的车厢。

图2　车厢

（3）简化：不能用简单的语言解释一样东西，说明你还没有完全理解它。提炼简化是一门艺术，它加强了基础概念与复杂想法之间的思维联系。学会用一句话或一小段话总结你对该知识点的理解，这个习惯会让你受益终生。

举个例子，对于短视频内容创作的方法，我就提炼出四个词：有情、有趣、有用、有品。

图3　短视频内容创作的"四有"

（4）表达：美国学者艾德加·戴尔1946年做过一个关于知识留存率的实验，在相同的时间内，用耳朵听讲知识保留5%，用眼去阅读知识保留10%，视听结合知识保留20%，用演示的办法知识保留30%，分组讨论法知识保留50%，练习操作实践知识保留75%，而把知识教授给别人知识会保留90%。

图4　知识留存率

为什么教授他人的知识留存率最高？原因就在于教授他人的基础是要求你对该知识点熟融于心，并且有所梳理与总结。因此才能够高质量地表达、授以他人，从而不被问倒。同时，这也是创造深层次理解非常重要的一点。

你可以通过演讲、写作等各种方式来表达和分享，分享的过程就是知识的内化和自我思考的过程。这里建议大家进行任务导向下的写作式训练和分享式训练。

学生圈里流行着一句至理名言："Deadline是第一生产力。"临近任务截止时间，你的效率总会成倍提升。借鉴这种方法，如果我们把具备

"Deadline"属性的任务常态化，那我们的学习效果会不会显著提升？

比如我们和出版社签订了书稿合同，约定了某某日期要进行主题分享等等。这种方法的效果是毋庸置疑的，不仅仅提升了你的学习效率和进度，而且还能带来更多收益。

写作是一种典型的知识构建活动，集阅读、理解、归纳等多个过程。一篇文章要想被其他人读懂、理解，除了内容必须翔实、实用之外，其内在的思维逻辑必须清楚，表达也要清晰。这个过程，必须强迫写作者去了解知识与知识之间的深层次联系，只有掌握这种连接，才能自然地把文章组织起来。

同时，写作式训练带来的另一个明显的好处就是能够获得反馈。"获得反馈"是在技能训练中非常重要的一个方面，不仅可以提供正向的激励，更重要的是可以发现自己的错漏。这些反馈中或多或少都会蕴含着一些很有价值的内容，比如指出你的某个知识性的错误，或者想法上的局限性，或者是提出更优的解决方法，你可以据此找到进步或者修正的方向。此外，你也可以主动去找同领域专家寻求意见或建议，不断修改完善。

分享式训练是写作式训练的一种升华，知识如果能讲给别人听，如果能被别人听懂，那就证明你是真正掌握了。我上学的时候成绩比较好，也经常给其他同学讲题，大家都觉得我是在付出自己的时间为其他同学服务。其实我自己明白，每次给别人讲题，都是我对这个知识点的梳理和再记忆的过程，不仅帮助了别人，其实更是帮助了我自己。

第三步，应用知识。

学习的最终目的就是在工作中继续应用。当你通过第二个步骤彻底将知识或技能内化为自己的，那接下来就是要应用到工作中了。

比如我学会了打造人设，那我做的事情就要围绕着特定的人设来进行。以前我的微信朋友圈总爱发些自拍，现在我发的更多是和人设相关的职场干货。

这一步很多人都多少进行过，也解决了一些问题。但是我们学到的知识有多少是在我们工作中持续应用的呢？

这就需要我们想办法让它变成你工作中的习惯。坚持去练习一项技能是需要消耗意志力的，因为你在做一件你的大脑并不熟练的事情，你可以把大脑想象成一个很迂腐懒惰的家伙，它不高兴学新东西，那怎么办？只有一遍一遍地强制练习，让大脑最后对你的这个行为习以为常，变成潜意识。

成为习惯了之后，做起来就不需要过多地去考虑，潜意识的行为基本上不需要消耗你的意志力。一万小时的刻意练习理论，其实也是在强调这个过程。比如各种社群常用的 21 天打卡，100 天训练等活动，都是为了让你把原来只是简单的实践变成习惯。因为习惯不费力，而且不容易丢掉，你的旧毛病就不容易复发。

所以，重复练习，持续应用，让这项技能成为你的一部分，这已经是学习的深度转化的过程了。当一项技能成为你的习惯，融入了你的自身技能，你已经是一个高段位的学习者了。

而我们人设中的独特优势是由两个技能一个领域构成的，当你运用这里教你的方法进行学习，掌握了两个技能和一个领域的知识后，就像学武术，不同的流派都被你学会使用，他们就会在你的体内进行杂交，演变出新的东西。

比如懂得栽橙子的人，看到褚橙，会学习它的农业生产管理过程；但是一个产品经理看到的却是对产品质量的流程控制；营销人看到的是，整个中国市场居然没有一个可以和褚橙相提并论的水果爆款。

而假如你的独特优势是：最具产品思维的农产品营销专家，那么，在褚橙这个案例上，你会看到上面的全部，而不只是某一个局部。你对它的解读和前景的判断，就会是独一无二的，你可以通过电商、授课、孵化类似的项目等方式，来增强你的人设力并将人设变现。

◆ **读书的误区**

我们讲了通才素质的重要性，而要具备通才素质，大量的阅读是少不了的。

先和大家说说读书的误区。

一、囤积型阅读

当我们处在童年，还是一个孩子的时候，喜欢去收集东西——卡片、贴画、邮票等等。在收集过程中，获取心灵的满足感。

成年后的我们，依然被这样的心理所牵动。在阅读中，我们攀比阅读的数量而非质量。一本书，走马观花似的阅读，只要把它"读完了"，就是"读过了"。

事实上，我们很多人的阅读都处在囤积阅读这个层次，看起来买了很多书、读了很多书，却依然什么也没记住、什么进步都没有，更别谈构建知识体系了。

囤积型的阅读，永远不知道自己到底要读什么书，始终读不完手上的书，老是坚持不下去，读了以后记不住也用不上。我们囤积了一大堆要读的，想读的，然后搞得自己筋疲力尽。

然而，读书不是集邮，而是一个增长智慧的过程。古人云："书读百遍，其义自见。"花一年的时间去读 100 本书，不如花一个月的时间，反反复复读同一本书（当然这要是一本经典好书）。真正的好书需要时间和阅历去参透，需要岁月和经验去打磨。

为了彰显自己的阅历，炫耀自己读过多少书而读书，实则是一种徒劳无功的行为。

二、从头开始看

另外一个错误的阅读方式，就是把一本书打开，从第一页开始阅读，逐字逐句地从头看到尾。

任何事情，最为重要的都是有一个大局观念，在大的框架之上"因地制宜"，底子打好了才有上层。

比如说，我们在看病时，中医通过望、闻、问、切，知道是你身体哪一部分出现了问题，再去根据不同的状况，合理地搭配药方。

再比如小孩子拼拼图，在数量浩大的拼图碎片里面。我们总要找出拼图的四角，确定拼图大致的主题和整体图案，再将每一块拼图放在合理的区域里。

看书也是同理，如果从头开始阅读，很多知识，并不是有针对性地汲取或掌握，到了真正需要仔细阅读的部分，反而难以集中精力去学习，最终影响了阅读的效果。

更好的方法是先将书评、书籍目录等大框架的内容浏览过后，有节制地去筛选真正所需要的知识，再来进行阅读。这个时候，取得的效果是事半功倍的。

三、学而不思、不用

不同于那些有攀比心理、为了增加读书的数量而读书的人，学而不思、不用的人则是为了读书而读书。

他们认为，在当今如此浮躁的社会里，读书并不为了有什么功用，只是为了平心静气，只要能够静下心来读书本身就是一件非常好的事情，去寻求读书的功用性反而是功利浮躁。

然而，这其实是一个极大的认知误区——任何事情，只有主动去做，有目的地去做，才能有所收效、有所提高；漫无目的地去做一件事的时候，反而会消磨这件事情真正的意义和价值。

四、读书无用论

我们有可能听到过这样的例子，一个没有上过大学，甚至高中的人却在社会上取得了事业上巨大的成就，接踵而来的就是"读书无用论"，大家将这些例子作为"读书无用论"最有力的佐证。

然而持有这样观点的人没有意识到，首先，这样的例子多为个例，大多数事业非常成功，或在自己的专业领域有所进取的人，都具有极强的知识储备。其次，那些没有上过学却在事业上取得成就的人，一定是他们天赋使然，且抓住了机遇。倘若这样的人受到较好的教育，那么他们所取得的成就，一定不止于此。

如果读书真的是无用的，那么也就没有中国自古尊崇的"孔圣人"，没有这么多年来一直被视为真理的"教育乃国之大计"。

有些事情的存在，不能为人所理解，并不代表没有价值。社会里学到的经验和读书学到的知识，就像一双翅膀，少了其中任何一只，都不能够迎风飞翔。好在近些年来关于"读书无用论"的呼声越来越少——这个民族终于普遍意识到读书的价值。

五、认为读的书无用

许多你认为无用的东西，往往都在你最意想不到的地方派上用场。

我们之前所说的"读书无用论"，是指针对读书这一件事本身，觉得读书是无用的。而现在这个认为"读的书无用论"是指在某一个领域内认为某一类书没有实际的用处。

比方说你是做销售的，你应该多看一些管理方面的书、品牌方面的书、心理学方面的书，这些看似与销售没有直接关联的学科，在真正的实际操作过程中，或许能带给你更大的启发。

庄子曰："无用之用，方为大用。"这不仅是道家的人生哲学，也可以放在读书的领域——真正有用的东西，或许在日常生活中感受不到它明显的功效，但在人生的某一个时刻一定能给予我们很大的帮助。

六、不做笔记

很多人在读书的过程中，就只是单纯地读书，没有做读书笔记的习惯。然而，任何知识的学习都是一个系统的过程，从输入到经过思考的整合，再到最后的输出，只有经历这样一个完整系统的过程，才算是真正有效的学习。

因此，不做读书笔记的单纯阅读，无异于走马观花。于是大多数人读过的内容并没有真正地吸收。最后，读完就忘了，导致无效读书。

七、作者说的都对

希望大家在任何的阅读中，都能进行批判性阅读。批判性阅读，就是对书中的内容不断提出质疑。作者讲的这些，有道理吗？其他人是怎么想的？我是怎么想的？如：作者说努力就会成功；有人则认为努力只是一剂安慰剂，没什么用；而我觉得努力不一定成功，但有用。

◆ 制定书单

制定书单，就像制订自己的健身计划一样，网络上有很多的健身大咖，如果你随便拿一套他的饮食和健身计划来用，你能用吗？你肯定用不了。你得根据自己的身高、体重、体脂率、运动水平、健康状况、运动目标等等指标来制订。

打磨个人书单，同样需要搞明白自己是什么阅读水平、认知水平怎样、爱好什么、需要获得什么知识、达到什么目的等等。

那么，如何打磨自己的个性书单呢?

第一步，要有"目的型阅读"的意识。

相对于读书误区里提到的囤积型阅读，正确的阅读方式应该是目的型的阅读。

明确地知道自己想要解决的问题，知道这些问题能在哪些书里找到答案，读的书也是自己能力范围以内的，并且能够集中爆发式地阅读。

用这种方式列出来的书单，针对性很强，符合自身需求，能够极大地补充自己的信息缺口。这种阅读方式，往往收获很大。

第二步，从哪里获得书目?

这里说的如何获取书目，并不是在哪个购书网站或是读书平台能买到或读到书，而是告诉你，如何找到相关领域自己真正需要的书目。

（1）基于某本书的延伸阅读。

知识体系的汇聚就像河流之于海洋，每一本书，都有作者自己的思想体系以及作者从其他书目中获得的启发或延伸——因此，你会发现，在你阅读的每一本书里，或多或少都会提到一些参考书目、网站、学术论文或研究报告等。

这些内容或者以书名号的形式出现在正文中，或者在文章最底部的注释里，甚至有一些书目最后几页还会统一列出它们的参考文献。

因此，当不知道要读什么书时，整理这些书目名称并进行筛选，你就会发现，相关领域的书目数不胜数，因为每本书都会有自成体系的延伸阅读，它们就像核裂变一样生成N多阅读系统。

（2）以作者为中心延伸。

以作者为中心进行延伸，也是一个非常有助益的方式。

比如你读到一本书写得很好，那么你就可以关注这本书的作者——这个作者在这一领域还有其他什么著作？他在不同时期，每个阶段的著作分别是什么？这些东西都可以列出来，它会让你更加系统地了解事物的来龙去脉。

（3）以书名关键字为中心横向、纵向延伸。

比如说，你正在看一本书叫做《营销心理学》，关键字"营销"。那么哪些书里面包含"营销"二字呢？通过书名关键字为中心的延伸可以找到的书目有《营销革命》《营销管理》《社群营销》《品牌营销》等。这是纵向查找的方式。而横向查找的方式是与营销相关的领域——如心理学、广告学、文案创作、品牌建设等。

（4）专业人士的推荐。

很多时候，如果一个人在某个领域做到了"精专"，他也就被认为是专业人士，而寻求这些人的经验，能够给予你切实有效的帮助，并帮你规避很多不必要的弯路。因此，专业人士的推荐，也是找到合适书籍的一个很好的方式。因为靠自己的能力去筛选，很可能不及他们推荐的那样有品质，如果可以的话，甚至可以跟他们谈谈你的理想、人生、职业规划，你一定会得到意想不到的收获。

（5）培养收集书单的习惯。

现在荐书的公众号有很多，如：罗辑思维、书单、做书等多个公众号。有些公众号虽不专注于荐书，偶尔会有推荐，如果看到了，就自己通过清单的方式汇总出来，以备后续之需。

（6）必读经典。

每个行业都有行业内公认的经典书籍，例如经济学方面亚当·斯密的《国富论》以及 N.格里高利·曼昆的《经济学原理》；电影学方面路易斯·贾内梯的《认识电影》；公关广告方面大卫·奥格威的《一个广告人的自白》；市场营销方面艾·里斯和杰克·特劳特的《定位》。

如果从事一个行业，你连这些书都没有看过，就相当于没有这个行业的敲门砖，也没有与别人去讨论这个行业的最基本话题的能力。而这一类经典书目名称的获得方式，除了专家推荐之外，就是相关的经典推荐文章了，如：《心理学必看的6本书》《职场人际必看的8本书》《国际金融基础读物》等等。当然，除了这种文章，也可以通过关键字纵横延伸，或者在搜索引擎中查找，等等。

（7）评价最高／畅销榜。

如果你实在不知道看啥，那就看豆瓣评价最高的书，亚马逊、当当等卖书平台的畅销书。在摸索中你会发现自己的兴趣所在。

第三步，怎么筛选书？

通过上面的7种方式，估计你已经搜集了一箩筐的书，面临另外一个头疼的问题：这么多书，难道要一本本看？到底先看哪本呢？下面一步步告诉你怎样去粗存精找到最适合你的书。

（1）在某卖书网站输入书名直奔目录页。

从目录可见整本书的框架，告诉你它将分享哪些内容。这些内容你感兴趣吗？猜一猜作者会怎么写呢？有你特别想知道的信息吗？有些书看完目录就相当于看完整本书了。

（2）从摘要进一步了解这本书说了什么。

摘要会直接告诉你通过阅读这本书你可以获得什么。推荐序一般都是各领域的大咖写的，在他们眼里这本书讲了什么，会帮助你判断要不要继续了解它。

（3）再去看看豆瓣书评，看5篇以上的书评说不定你都不用读这本书了，走到这一步还会让你有购买欲望去阅读的书绝对是吸引你的好书，那就买来好好读吧。

◆ 高效阅读的方法

我们身处一个高度现代化的社会，信息爆炸、资讯泛滥。可是，现代人却仍在沿用祖祖辈辈流传下来的传统阅读方法，丝毫没有意识到我们亟须另辟蹊径，适应时代的发展趋势。

在这个社会，或许我们最常听到的三个字就是"没时间"。可是，就算你面前已经堆满了要看的书，我也仍然建议你挤出一点儿时间来阅读这部分内容。你会发现，学会了高效阅读能让你的阅读速度提高2—3倍，而且还能让你的理解更加透彻。这样一算，阅读这点儿内容的时间不就赚回来了吗？

当然，阅读速度绝非衡量一个人阅读能力的唯一指标，理解和记忆才是至关重要的。试想一下，如果我们每天不停地读书，最后脑子里却空空如也，那速度再快不也是徒劳吗？因此，我始终都反对使用"速读"这一概念，它会误导读者，把大家带到错误的方向上去。

在这里，大家将学到一个非常重要的技巧，那就是在阅读的同时梳理文章的脉络，从而简化此后存储信息的步骤。这项任务不仅不会影响原有的阅读速度，反而能让大家在不知不觉中读得更快。

第一步，找到骨架。

读书前最重要的事是找到骨架，读书中最重要的事，则是填充骨架。这个思维我们在之后介绍写作方法时也会用到。

如果把读书比喻成画地图的话，建立骨架，则是画出整张地图的轮廓，填充骨架，则是再把地图划分为各个国家，各片海域。在阅读的时候，脑海里时时刻刻都要有这样一张地图，通过你的阅读，让这一张地图变得更完整。所以快速阅读的第一步，你需要花上一点时间，迅速地把一本书的整体骨架找出来，这样就可以在还没有仔细阅读一本书之前，依照这个找出来的骨架以自己独特的视角去透视这本书。

找出一本书的骨架，其实就是清楚理解作者写这本书的意图。

通常在阅读一本书的时候，我们只需要仔细阅读一下这本书的前言或者后记部分就可以找到骨架了，因为在前言或者后记里，作者都会把写作这本书的意图和对你的帮助说清楚。

比如，本书的意图就是：教你如何打造个人影响力。首先，你需要找到自己的人设定位（独特优势＋特质标签）；其次，学习各种技能，一方面帮助你获得独特优势，另一方面，为扩大人设影响力做能力储备；最后，通过各种渠道和方法传播你的人设并变现。

建立骨架最重要的作用在于，让知识系统化。知识只有经过系统化，才能叫知识，未经系统化的知识，顶多叫信息。

第二步，构建知识网络结构。

有了骨架还不够，我们还需要通过这些骨架去把握这本书的知识网络结构。

同样一本书，由不同的人来构建知识网络结构，内容应该是不一样的，这并不是因为每个人的思维不一样，而是每个人对知识点的截取不一样，有些人会抓住整体，有些人只抓住一部分自己想了解的内容。但不管怎么样，构建图书的知识网络结构可以让我们掌握全书各个章节与组成部分，方便我们更好地理解全书的内容。

构建知识网络结构最简单的方法就是研究目录。

许多人看书，并不会看书籍目录，然而目录的重要性，好比方便面里的配料包。诸葛亮读书只"观其大略"，他没有钻进书堆，死记硬背，只是了解书中的整体内容，取其精华，弃其糟粕。

"好读书，不求甚解，每有会意，便欣然忘食。"陶渊明读书时注意抓住重点，他追求的是读书会意，着重领会书中深含的旨意，而不死抠个别字句。

把书按你的需求、兴趣等维度切割开来，先把最需要的、最感兴趣的掌握起来，再去掌握其他没那么感兴趣的，和抛弃那些没什么兴趣的，将会大大提高你的学习效率。

这里建议大家以脑图的形式来构建知识网络结构。可以使用在线工具"百度脑图"。

比如，建立本书的知识网络结构，如果你很擅长演讲，那你就可以在脑图中弱化演讲，把它用浅灰色标出，且不再有下级目录。如果你特别想学习写作，那你的知识框架可能不仅仅有写作里每一小节的标题，甚至一些你觉得重点的小节里的一、二、三条目你都会列出来。当然，即便是自己不擅长的某类内容里，可能也有你觉得你已经了解的事情，比如，"写作的重要性"，那你也可以弱化它，把它用灰色的字标出。

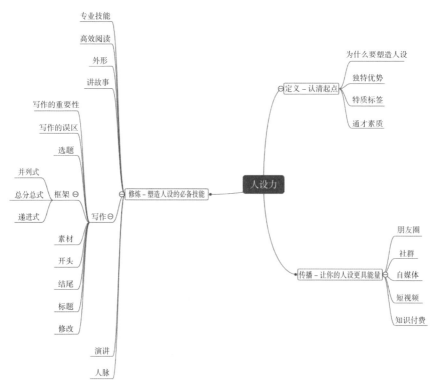

图 5　知识网络结构

第三步，跳读并提取关键词。

经过前面两步的练习，我们已经能够就中心主题发散出主干分支了。这个主干就是我们前面所说的整本书的骨架，知识网络结构是由主干发散出来的分支，分支越多，说明这本书的知识网络结构越复杂。

一本书中，并不是作者的每一个字、每一句话都很重要，更恰当地说，作者在一本书中所使用的文字大多数都不重要，除非作者写的是非常专业的书。

一般来说，一本书中只有20%的知识是新知识（有的书还不到20%），80%的知识是为了说明关联这20%的知识，像举例说明或实操等等。

找到关键词的方法也很简单。我们可以采用跳读的方法，找到自己想了解的那一章去读。看每章节里的大小标题、粗体字、表格图片，文章开头或结尾，这些地方就能知道这一节的关键词，这样也加快了阅读的速度。

把这些关键词都记录下来，汇总到你的脑图中相应的分支下。

第四步，建立联系。

在我们的身边会出现一些学习能力让我们叹为观止的学霸型人物，他们仿佛记忆力超强、学习能力超高。有时候我们需要花很长时间才能记住的内容，他们却在很短的时间内就能全部牢记，因此我们把他们当做天才。然而事实上，有一些人并不是天生的记忆高手，他们只是学习和掌握了记忆相关的技巧，而这个技巧的重点就是建立联系。

建立联系在读书的环节中非常重要，也具有一定难度。建立联系，简而言之就是找关系，当然有一些关系是非常直接存在的，比较容易找出；还有一种关系是潜在的需要深度发掘的，甚至需要强行在没有关系的事物之间建立关系。

建立联系的三个要点就是：联结、转接、跳跃。当你能够把文章中或者书本中看到的要点或者关键词都彼此建立起联系的时候，你就真正地达到了把厚书读薄的效果了。

建立联结就是合并同类项，例如西瓜和香蕉都属于水果，这就叫建立联结。之后是学会转接，转接的方式是在事物原有的基础上进行逻辑层面的升级，学会思维发散——比方说西瓜和香蕉都是水果，而从水果发散到水果刀就是转接。最后是跳跃，跳跃是发散性思维的终极形态，它要求你打破常规的思维模式，打破原有的思维惯性，只要你觉得事物之间存在联系，就可以在它们之间建立关联，比如从水果刀到足球比赛这样的模式就叫做跳跃。

单纯地浏览关键词能够让你知道一本书的大致内容，但是如果要将书中的内容完全吸收进自己的大脑，还是要通过建立联系的方法。通过这个方法，当书看完了之后能够将知识点完全吸收，记在脑子里。

现在我们来做个练习，请看这些毫不相关的、乱七八糟的词组：

电话、饮水机、乌龟、厕所、书柜、虫子、茶叶、保安、鼠标、图章、狼、奖杯、狐狸、订书机、报纸、汉堡包……

这些词组就好比是在阅读的时候眼睛所提取出来的知识要点，我们运用建立联结、环环相扣的方式快速地把它们完整记忆下来：

一个顽皮的孩子把电话扔进了饮水机里，饮水机里养着几只大乌龟，乌龟每天都吵着上厕所，厕所里有个书柜，书柜里面到处都是虫子，虫子正在咯嘣咯嘣地吃着茶叶，茶叶被一群保安泡水喝了，保安买了一个鼠标，鼠标上有一个金色的图章，图章被狼叼走了，狼背上还驮着一个奖杯，奖杯被狐狸摔坏了，狐狸想买订书机把它订起来，看到一个人在用订书机订报纸，报纸上印着一个冒着香气的汉堡包……

有没有发现，当建立联系之后，以上那些彼此之间毫无关联的词组，忽然变得非常生动，而且容易记忆，因为它们虽然不是我们亲身经历过的东西，却是经由我们的感官调动而组成的画面。此时，闭上眼睛，从第一个词组"电话"，到最后一个词组"汉堡包"，之间的所有词组就会一一浮现在眼前。记忆这件事情就变得轻松了。而如果想要从短期记忆变为长期记忆，只需要不断地重复这一通过感官调动场景记忆的过程。

此后，在阅读时运用这种方法，我们从书中抽取出来关键词，再通过建立联结的方法环环相扣组成画面。最后，有规律地、周期性地进行复习，就会形成长期记忆，完成对书中重要内容的完整吸收。

第五步，简化内容。

当我们知道了一本书的意图，并且建立了知识网络结构，在此基础上，运用关键词，把整本书的内容串联起来，可以说，当下我们对这本书已经掌握了 60%，还有 40% 是关键词下面更为细节的内容。

比如，在本书"开头"这部分中，关于如何写文章的开头，其中有一种方法是"明观点"，这个词应该在你列的关键词里有涉及，我所说的简化内容是指，你是不是能把这个关键词下的内容提炼得非常精简，便于记忆。当你在回忆这本书的内容时，说到这个关键词，你还能讲出它的含义。

比如下面这段话，就可以精简成：结论先行且观点有新意。

明观点

文章开头就开门见山给出结论，点明文章观点，然后再层层展开，分析解释自己为什么会得出这个结论。

平常见到的说明文和议论文、报纸上看到的新闻，大多采用这种倒金字塔式的叙述方式。

对于作者来说，结论先行，然后分析得出这一结论的原因，主次分明。写作时不容易跑偏，叙述条理会更清晰。

而对于读者，开篇就看到文章的中心观点，他会很好奇作者是如何得出这一结论的，从而跟随着作者的思路继续阅读。

当然，这就要求文章的观点有新意，甚至是出人意料。如果开篇的结论陈旧、人云亦云，那就很难吸引读者的阅读兴趣了。

简化内容是科学学习的重要方法之一，这种方法可以让我们从作者复杂的文字堆砌中迅速地找出自己想要学习的重点知识。

第六步，运用知识。

阅读高效的方法是："知识立刻用起来，实践读过的知识。"知识只有运用起来才记得牢，如果只有读和记，没有运用，迟早还是会忘记这个知识点。

还记得我们提到的美国学者艾德加·戴尔 1946 年做过的一个关于知识留存率的实验吗？

用眼去阅读知识保留 10%，用演示的办法知识保留 30%，分组讨论知识保留 50%，练习操作实践知识保留 75%，教授给别人知识会保留 90%。

所以，把记下的笔记，用自己的理解写一篇文章，或马上运用读到的知识技能解决问题，又或者把知识分享给大家、教会大家，能让你学习更多的知识，增加更多的知识量。

外形是你的
『第一符号』

从小我们就被教育：不要以貌取人。但实际上，我们时时刻刻都会被人的外表影响。

心理学家做过实验：在一个拥挤的十字路口，一个人，在还没有到绿灯时就过马路，会有多少行人看他走就会走呢？实验发现，当这个人穿着一身笔挺的西装的时候，其他人跟着他傻傻闯红灯的概率，是一般情况的 3 倍。

还有个研究发现，当一个医生脖子上挂着听诊器跟病人说话的时候，病人更会记住医生所说的话，即便医生并没有用到听诊器。这说明一个人的穿着是会影响他人对这个人的评价的。

每个人都有自己的风格，这个风格就是自己的特质。找到自己的特质，在选择着装风格的时候，就可以快速地找到适合自己的，既可以加强自己在他人眼里的人设，也可以让自己在买衣服时，不至于买到不适合自己的，而浪费时间和金钱。

首先，你需要结合自己的外形特点和人设，来分析什么样的着装适合自己。比如你是个有着大长腿的女孩子，如果单纯考虑外形特点，是的，你穿高腰短裤能够展现甚至加强你的特点。可假如你是公司的法务人员或者中高层领导，这么穿就很不符合你的职场人设了。

其次就是塑造外形了：凡是可以加以利用的都可以用来塑造你的外

形特色，增强自己的形象。比如发型、眼镜、耳环、服饰，就像是道具。统统可以用来增强特色。

比如眼镜，湖南卫视的著名主持人汪涵就喜欢戴一副没有镜片的眼镜，是不是近视都不重要，重要的是戴副眼镜可以更有"型"，突出文化人的形象。

再比如被称为红衣教主的周鸿祎，总是穿着一件红色 T 恤衫，更重要的是，他还把红衣变成了他的一个标签符号，告诉人们，我不叫周鸿祎（wei），我叫周鸿祎（yi）。

乔布斯就不用说了，全世界都在模仿他的黑色 T 恤衫 + 牛仔裤。

接下来我就来教大家如何一步一步地找到适合自己的个人风格。

第一步：花大概两周的时间，拍下你每日的穿着（这个阶段你不需要刻意地去搭配和打扮）。

第二步：打开你两周记录下的照片册，回答这些问题：

你最喜欢和最不喜欢的一套衣服是什么？

你朋友的着装对你的影响？

你是否介意穿重复的衣服？

别人对你的着装的评价。

你觉得你的着装搭配有哪些需要改进。

回答完后你会发现很多自己之前没有意识到的东西。

第三步：花上一个下午或晚上，从各个渠道收集你喜欢的着装风格。

收集渠道包括：

ins、微博、网店、品牌图册、线上杂志、纸质的杂志和时尚书籍、电影电视剧等。

观察路人：把每一个抓住你眼球的东西记录下来。

关于收集的几个要点如下：

要将收集到的东西电子化，方便整理和查阅，建议使用云笔记、图片版或者电脑文件夹保存。

刨根问底：如果你喜欢一个时尚博主的衣着，看看他／她的更多照片；如果你对某一件衣服或颜色特别钟爱，去找更多类似的来看，试着找出这件衣服的更多搭配方式。

重点留意那些你现实中会穿的衣服。

第四步：重新审视照片，删除不那么喜欢的那些，然后将手机的照片按主题和元素分类，总结自己喜欢的服装特点。

可以按下列格式来记录，先简单尝试写下来，它将会随着你对自己的了解多次更新和细化：

我喜欢：

整体感觉：如"简约"。

单品：如"风衣"。

颜色：如"卡其色"。

面料材质：如"羊毛"。

造型：如"长款"。

第五步：去各种服饰店，试穿喜欢的衣服，更新你的风格清单（注意：这个环节不要购买）。

你需要把你清单列表里所有东西都试一遍：假装自己是一个研究院在做实验，保持开放的思维方式，确保记录下每一个细节，用手机照下来，并记得做笔记。

关于试穿这件事，对于到有服务人员的店铺里这件事，你可能会心怀恐惧，往往走进店里，在试穿过几套服务人员倾心推荐的衣服后，买下并不是那么喜欢或者适合你的衣服，这也是为什么很多人总是更倾向于到人来人往的快时尚店买衣服，而在这种模式化、高度统一的店里（是的，我说的是优衣库），其实是很难找到你100%满意的完美衣服的。

作为顾客，在充分比较、了解后作出购买决定是我们的权利，一旦确定自己的风格，找到一个符合自己喜好的品牌，这间店会很欢迎你的到来的，因此不要害怕踏入专卖店，并向更有经验的销售求助，让她们帮助你寻找合适的穿搭。（如果这对你来说确实很难的话，我有个朋友还提出了一个很有用的建议，去喜欢的网店购买很多衣服，然后留下你觉得适合的那些，把不需要和不喜欢的退掉。）

第六步：研究专属于你的穿搭法则。

（1）回顾你日常的穿搭法则。

就算并没有刻意搭配，我们往往也默默地遵从着某种穿搭法则，回顾前面你记录下的过去两周的装扮，把重复出现至少三次的组合罗列出来。接下来，花点时间想想为什么自己总穿成那样，把所有不能成为好理由的原因划掉。

（2）从你记录自己日常穿搭的照片册和试穿记录里找出能展现你的理想风格的穿搭，如果拿不定主意，可以去问问其他人的看法。

你觉得这些照片里，哪些最符合我的气质？

哪些照片能让你眼前一亮？

如果你不认识我，仅看照片，这些照片分别会让你觉得我是一个怎样的人？（然后去对应你想要打造的人设，最接近的那种风格就是最合适的。）

（3）现在你的手上可能有你自己选出或你的朋友帮你选出的一二十张你最适合的那种风格的不同搭配，从中归纳出三种类型的衣服：

关键性单品：真正体现个人风格的衣服，有多种穿搭方式，这种单品需要经久耐穿、裁剪合理、品质过关，通常是夹克、外套、裤子、半身裙、鞋、包和多功能上衣等。

表现型单品：为你的造型添增趣味性和多元性，适用于合适的特殊场合，可以与基本款和关键性单品搭配，但不需要与其他衣服有太大的可混搭性，包括设计大胆的鞋子、独特细节的上衣、连衣裙、珠宝配饰等。

基本款：用来平衡那些大胆的单品，它的色彩、剪裁和细节都应该简洁但不无聊，它们一样应当体现你的个人风格，包括上衣、T恤、牛仔裤、纯色的裤子、裙子、鞋子等。

（4）类似于服装类型的分类，列出你适合的三类颜色：

主体色：用于展现你的风格概念的主要特点，挑选你认为最能展现自己个人风格的颜色。它们应当是你知道自己穿着频率会很高，并且令自己感觉非常舒服的颜色。比如藏蓝色，体现自己低调沉稳的特质。

重点色：主要作用是为你的造型增加多重配色，主要考虑在表现型单品和配饰上，用来搭配主体色和中性色。可以尝试那些与中性色搭配起来很好看，或者至少与两种你的主体色很和谐的颜色。比如暗红色，可以与藏蓝色很好地搭配。

中性色：用于为其他颜色提供支撑和平衡，经常的选择有：白色、黑色、灰色、藏青、沙色、牛仔蓝等。建议选择完主体色和重点色后挑选中性色，方便看到整体效果。

通常建议总共选择 9 个颜色（3 个主体色、4 个重点色和 2 个中性色）。

（5）从之前收集的照片里最喜欢的穿搭入手，用刚列出的单品和颜色搭配出 2—4 套。

最后列出来的法则可能是这样的：

紧身牛仔裤 + 短款上衣 + 平底鞋

棉麻小脚裤 + 宽松衬衫 + 运动鞋

确定好了穿搭法则后，再从你的衣柜里，找到符合穿搭法则的衣服，每个样式尽量包括两个以上的单品，如：

"紧身牛仔裤"包含：

浅蓝色水洗九分牛仔裤

白色高腰牛仔裤

"平底鞋"包含：

棕黄色绒面皮鞋

米白色流苏凉鞋

而"棉麻小脚裤"这一项你可能没有，或只有一条，那么就可以将它加入你的待买清单。

使用"穿搭法则"＋"单品清单"，我们可以很容易地列出自己的两周所需要的所有衣服。至此，你不仅了解了自己适合的风格，还有了具体的穿搭清单。

最后，提醒大家，在日常生活中，就按照你找到的风格去搭配就好，但在工作中要尊重公司的着装要求（无论是口头的还是成文的）和企业文化，但同时要体现你自己的个人风格。

在公司办公（有严格着装要求）：用配饰和细节增添个人色彩，比如胸针、领带、腰带等。

在公司办公（无严格着装要求）：分析同事的风格，为自己的日常衣柜增添略微正式的单品。

在家办公：投资舒适、简洁的衣服，让自己在家也能进入工作状态，备几件职业套装，用于外出见客户。

个人风格是一件可以被公式化的东西，但我们这里说到的公式化并非时尚杂志上让人摸不着头脑的："白衬衫＋七分牛仔裤，往腰带上束个结就能更时髦哦！"而是我们自己一步步尝试，最终找到的"专属自己的公式"，它应该是和你的人设相符的。它并非一成不变的，在日后的生活中，随着你自己年龄、想法、身份等等的变化，它可能会调整，会改变。

◆ 故事的力量

我经常出去演讲，每到下午两三点，打瞌睡的听众就开始急剧增多。对于台上正讲得津津有味的我来说，这是个尴尬的时刻。每到这个时候，我就开始讲故事了，这使原本无精打采的听众，突然像打了鸡血般地兴奋起来，适时的掌声和笑声将气氛推向一轮轮新的高潮。

故事是个奇妙的东西，无论面临什么样的场景，它都有着与众不同的穿透力。每次听人讲述故事或自己讲述故事，都是一次奇妙之旅，一个看似平凡的故事所产生的影响远超过我们的想象，它蕴含着强大的力量。

从幼儿喜欢的睡前故事到培训师别有深意的故事，从新闻到陈年旧事，这些故事不仅能直达人心，而且具有潜移默化改变观念的能力，犹如润物细无声的春雨。

抽象的道理转化为具象的事件之后，观点更容易被人接受。由此我们发现，那些配有故事的产品能够合情合理地卖个高价，且长销不衰，而那些有故事的人则在职场上备受关注，无往不利。所以说易于传播的故事是这个世界上最简单的操纵力，它是决定人们是否要买你的产品，或者是否关注你这个人的背后力量。

因此当我们想打造自己的人设的时候，讲故事是你必须学会的技能之一。要想让别人认可你的人设，那么你就需要证明你是谁，而不仅仅是告诉我你是谁。一个故事可以让你证明你是谁。讲一个我朋友的真实故事：

明亮的会议室，略显严肃的面试官，为了掩饰紧张，小天拿起桌上的水杯喝了一口又一口。面试时间很短，十分钟内打动不了面试官，就将彻底失去这次机会。从工作经验来看她不是最佳人选，不过她知道，这家公司对个人诚信问题非常看重。当面试官问她有什么优点的时候，她回答说，我诚实、讲信用。

这种话谁都会说，面试官的脸色并没有变得好看。小天深呼吸了一下，和面试官说："我来给您讲个故事吧。"面试官冷冷地回答："长话短说。"

小天微笑着点点头，开始了她的故事：

那还是在上小学的时候，同学之间就喜欢起哄谁喜欢谁。有一次，我和我们班成绩第一名的那个男生聊天，特别好奇他会不会也有暗恋的人。就一脸八卦地问道："你在我们班有没有喜欢的女生啊？你告诉我，我不会告诉别人的。"一开始他不想说，但禁不住我的软磨硬泡，他说："你告诉我别人的一个秘密我就告诉你。"

当时我心中窃喜，这个交易不错。略加思考后，我就和他说了我们班另一个人在暗恋谁，还特意嘱咐他："我答应过那个人，不告诉别人的，所以你一定要保密哦。"然后我就一脸期待地等他的答案了。

他听完后很诡异地笑了一下，眼神很犀利地望向我，一字一顿地说道："我不会告诉你的。"

面试官的眼中露出了好奇，小天继续说道：

我当时很诧异，什么情况？学习好就可以说话不算数吗？他立马就回答了我的疑惑："别人的秘密你都守不住，我怎么能指望你守住我的秘密呢？"留下瞠目结舌的我，潇洒地走开了。

这是我小学 6 年，加上幼儿园 3 年，上得最生动的一堂课。从此以后，答应别人的事我就会竭尽全力做到，无论面对什么样的诱惑，我都不会出卖一点点机密，因为我深深地明白，我出卖的可不只是那点信息，更是我的人品。

小天看到面试官赞许地点了点头，之后的面试氛围就轻松起来了。最后，小天得到了这个宝贵的 offer。她后来问面试官，为什么选择了她，面试官给了几个理由，其中最重要的是"我记住了你的故事"。

为什么故事会有与众不同的效力？为什么人们在面对故事时，都毫无免疫力？人都会不同程度地依赖主观判断，相较别人得出的观点，更相信自己的结论。

寓有深意的故事，能在潜移默化中让你的观点躲避开对方意识的审核和过滤，甚至对抗或反驳，而直达对方潜意识，并成为对方的观点，结果自然容易得到他人的认同，使听众在不自觉中得出和你一样的结论，并坚信这是他们自己的观点。

在听完故事后，人们的思维大概经历了这样的过程：认同故事，找出类比，将观点延伸至自己，最后作出判断。人们一旦将你的故事当成他们自己的故事，那你就挖掘出了信任的强大力量。接下来，你无须再做多大努力，人们每次和别人回忆、复述你的故事，都是在扩大你的影响力。

亲身经历比起其他形式的交流更能让别人了解"你是谁"。当然，你不一定非要讲亲身经历的故事，你还可以讲历史故事、热门时事、寓言故事、经由朋友复述的故事等等。如果你讲故事的方式确实能够从个人角度揭示一部分"你是谁"，那么任何形式的故事都能变成"你是谁"

的故事。当一个人时常把乔布斯的故事挂在嘴边，那说明他很可能是（至少希望是）一个创新并且具有颠覆性的人。

需要注意的是，你打造的人设不仅要有好的一面，也要有一些无关痛痒的缺点，千万别把自己打造得十全十美。一个好故事就能帮你做到这一点。

我曾经看到很多领导者用故事来描述自己的不足，心理学家将这个现象称为自我剖析。这个理论的原理之一是，如果我足够信任你，愿意向你袒露我的缺点，那么你也应该相信我，向我说明你的不足。倘若一个人能够毫无保留地批判自己，那么我们就会觉得，不仅是他的话可以相信，他的其他方面也值得信任。

例如，一个老板开会的时候和员工们讲自己拖延症非常严重，行动力很差，还讲了个故事："我曾经办了一张健身卡，就去过一次——办卡的那次。希望大家日后工作中能多多督促我。"

当听到自己的老板暴露缺陷，你一定会非常震惊。不过我们也应该知道，真正的力量并非来源于完美，而是来自认识到自己的不足。一个领导敢于正视自身的不足，也是展示了自己的力量。

一个"我是谁"的故事，能够通过正面反驳而打破任何负面评论。常听人们谈论那些捏造和杜撰的逸事，可没听说哪一个能长久的。装出来的笑，笑不到最后。

听到这里，相信你已经了解到了讲故事的重要性，接下来我将告诉大家如何讲好一个故事。

要想让你的故事能被别人记住，还具有传播性，就要做到四点：简单、意外、具体、共鸣。我做的《亮三点》节目有个很经典的案例：

在我们的第四期节目，我们采访了 6 位投资大咖，有一个问题是"说说你见过的最有趣或奇葩的项目"。梅花天使创投的创始合伙人吴世春讲了个故事，之后火遍创投圈。

这个故事是："一个团队跑来找我，很严肃地说，他这个项目，A

轮已经找好了经纬，B轮找好了红杉，C轮会是BAT中的一家，都安排好了，现在就差天使轮了。"

我们来看看这个故事，简单吗？简单。它的简单不只在于三言两语就能说清，最重要的是主题突出，没有什么干扰信息，你能立刻抓住它想表达什么。意外吗？当然意外。一个ABC轮都搞定，只差天使轮的项目更是违背常理。

具体吗？当然。很多商业领域的沟通正是在这一步上出了差错：申明宗旨、战略方针和未来愿景……诸如此类的描述总是模糊到毫无意义的地步。天生具有传播力的故事都不乏具体的形象。一个"就差天使轮"的故事远远好过用一堆数据、术语来介绍自己是做天使轮投资的。

那有引起你情感的共鸣吗？"就差天使轮"可不就是浮躁的创投圈缩影嘛。

在这个故事火了以后，吴世春在接受其他媒体采访时也说，平时自己讲那么多创业的干货知识，没人传播，随便讲个故事，反而火了。这可不是随便的一个故事，它们正好命中了一个好故事的四个原则：简单、意外、共鸣、具体。

◆ 简单

面对嘈杂混乱、难以捉摸的环境，实在很难让你的故事传达出去并为人牢记。要想使你的故事被人记住，第一步就是要简单。所谓简单，不是说"断章取义"，也不是说一定得用粗浅词汇，而是要找到核心。

比如在《让创意更有黏性》这本书中，有提到这样一个案例：

喜欢关注美国政局的读者都知道，每届的总统大选，都会成为故事选出和检验候选人用故事说服选民的能力的最佳时刻。2000年，阿尔·戈尔和乔治·布什同台竞选，彼时的大选对网络的运用远没有奥巴马政府选举时那么普及，所以，图文并茂的电视媒体就成了双方的主要战场。摇摆不定的选民大多会通过电视媒体增加对竞选者的了解，从而投出手中的选票。

戈尔和布什谁能赢得大选？在仅剩 35 天的时候，两人的选票还是不分高下，因此，被寄予厚望的于 10 月 3 日举行的第一场电视辩论也就成了双方争夺山头的主战场。

从当时的情况来看，戈尔非常有希望赢得胜利，因为他时任副总统，无论从哪个角度来看，都要比当时的布什占优势。但是，为了使自己的表现更加完美，在这场辩论最初的一半时间里，戈尔抓紧一切机会提及更多的计划。这些计划包括平衡预算、偿还债务、将存款用于医疗和社会、治安、削减中产家庭的税务、确保校园安全、为家长提供帮助以防孩子受到文化污染、教育投资、卫生保健、环境以及退休保障等计划。

追求完美的戈尔讲述了太多的计划，并且随着这场辩论时间的推移，新的计划像雪片一样被抛了出来，这下除了他自己，其他人全傻眼了：完美到极致就是最大的缺陷，一分半的时间里说了 10 个计划，大概只有他自己能明白这 10 件事情到底是在说些什么。

引申到我们的叙事技巧上，首当其冲的就是要避免犯像戈尔一样的错误，不要试图在一个故事里讲述太多的因素，而应该将故事的所有表述要点都集中在一点之上。

很多时候，我们在讲述故事时也会犯这样的错误。而超负荷地被动接收，听众的逆反心理就会陡然增高，也就达不到传播观点的目的了。

就像我们最开始讲的那个故事，面试者用一个故事说明了她的一个优点：诚信。而不是想要十全十美，在这个故事里再同时说明自己学习成绩好、善于交际或者其他优点。而吴世春讲的"就差天使轮"的故事，无疑让你记住了，他是做天使轮投资的。所以，运用"简单"这个原则其实就是：无论你要给自己贴上什么特质标签或体现自己的什么优势，切记，不要贪多，围绕一个关键点展开你的故事。

人们总想一下子就精准无比地告诉别人一切，但实际上我们应该做的是，先告诉对方够用的信息，然后再一点一点慢慢增多。

◆ 意外

信息沟通的首要难题就是吸引他人注意。有些交流者倚仗的是权威气势来吸引对方的注意力。这一点为人父母者多半很在行："小明，看着我！"但大多数时候，我们没办法强求别人注意，我们只得吸引别人注意。吸引注意无疑是更难的挑战。人们常说的"酒香也怕巷子深"多少还是有几分道理的。

要吸引他人注意最基本的方法就是：打破常规。我们适应规律性事物的速度很快，持续不变的感官刺激往往让我们视而不见且听而不闻。不妨想一想空调的嗡嗡声、书架的摆放、家具的气味。唯有事物发生变化时，我们才会有意识地注意到这些东西。

举个简单的例子，月亮之所以能够引发人们的情感，就在于其阴晴圆缺的变幻引发了人们情感上的联想，撞击了心灵深处的思考。如果月亮像把尺子似的一万年不变，望月生叹的人肯定会急剧下降。

同样，相对于刻板的信息，一个优秀的故事之所以能在时间的洪流中保存下来，就是因为它具有变幻的情节，也就是意外。

大家都知道，海底捞是一家以卓越的服务而著称的火锅品牌。海底捞的经营战略要获得成功，就必须把一线员工培养成为客户服务的狂热分子。员工不可能刚入职就能提供此类优质服务。海底捞能解决这一问题，有一部分靠的是许多出人意料的小故事：

有一次一位顾客在海底捞吃完饭，要赶火车却打不到的士。门口的小弟看到他带着行李箱，问了情况后转身就走。结果紧接着海底捞的店长把自己的SUV开出来，将他送到了火车站。

一个服务员上错了汤，居然送上了个玉米饼，上面写着3个大字"对不起"表达歉意，令顾客不仅不会指责他服务的小失误，反而感动于他的诚挚。

如果顾客中有孕妇，会送上柔软的靠枕；有小孩的时候会送上小礼物，甚至会搬张婴儿床给小朋友睡觉。在海底捞欲将吃剩的西瓜打包，服务员笑言切片的西瓜不能打包，继而端上了整个西瓜。一个人来吃饭，海底捞的服务员看到顾客是一个人，竟然拿来了一只娃娃，说陪着客户一起吃饭，不孤单。

还有网友在微博爆料"海底捞"代练网游服务，并贴出了服务员代练游戏《星辰变》的照片。该微博一经发布，短时间内即爆红网络，几小时就有数万条转播评论。海底捞在原有的特色服务基础上又出奇招，网游代练这一新奇的服务将海底捞的传奇地位提高到了前所未有的高度。

这些小故事无形中打破了客户服务中不成文的规定。可能在新员工看来，上班时间开车送客人到火车站简直太荒唐了，跟他们原有的服务理念相去甚远。对于我们每个消费者来说，这样的服务又何尝不是"意料之外"呢？

海底捞就是这样，打破了我们脑海里的预测机器，突破了常识的禁锢。海底捞本来也可以不向员工、消费者传播这些故事，只需要告诉我们，海底捞的使命是提供业内最优秀的客户服务。这句话固然没错，但很遗憾，这听起来和其他餐饮企业没什么不同。要想让信息引起人的注意，被记住，被传播，你必须把常识推向非常识。"出色的顾客服务"是常识，"帮客人代练网游"则是非常识。

一个品牌的故事是这样，人更是如此。

大家应该都有听说过阿里巴巴童文红的故事：从月薪500元的前台小妹，到亿万身家的女总裁。这是创业公司最爱讲的励志故事。其实自从马云将阿里带入上市，创造了不少千万、亿万富翁，为什么只有她的故事广为流传呢？因为意外。她原本只是一个普普通通的行政妹子，按照常识，就应该继续普通下去。而信息要是听起来像是常识，绝对会是左耳进右耳出：若是我凭直觉就能"懂得"你想告诉我的东西，何必麻烦自己去记住呢？

这些年来，刘强东主动或被动地成为底层逆袭的创业偶像。市场上至今还广为流传着 18 岁的刘强东背着被子、脸盆和 76 个茶鸡蛋以及外婆给缝到内裤里的 500 元现金兴冲冲到人大报到；还有 1998 年揣着工作攒下的 1.2 万元在中关村租了个 3 平方米的柜台卖光盘刻录机的故事。

也许你会说，哎呀，我的起点本身就挺高的，既没有做过前台，也没把钱缝到内裤里，我的人生没有什么大的反转，我要怎么让别人记住我呢？

马化腾的家庭条件并不差，所以他被大家记住的故事可不是逆袭。而是他在 QQ 创业早期曾假扮女孩子陪聊，对于这些往事，马化腾说道："那时候要做到 3 万用户，于是去学校一个个拉用户……用户上来了，但最开始没人聊天，我自己要陪聊，有时候还要换个头像，假扮女孩子，得显得社区很热闹嘛。"

一个 CEO，做最基础的运营工作，还假扮女孩子，这就是意外啊。

当然你可能也会说，这些人的故事之所以被记住，是因为他们已经成功了，可我还没有成功啊。但我们的目的可不是要让我们自己的故事像他们一样，人人口口相传，我们是希望能影响到我们需要影响到的受众，比如面试官、你的客户、你的同事等等。让你的故事具备"意外"这一要素，你就会比你的竞争对手多一分胜算。

◆ 具体

我们都是做着这样的数学题长大的："小明有 10 元钱，买笔记本花了 5 元钱，买铅笔花了 1 元钱，还剩多少钱？"这时你会写下：10−5−1=4。当我们在学习抽象的数学概念时，用的是具体而熟悉的东西，这类提问方法被称为"语境算数"。用具体作为抽象的基础，不仅适用于数学教学，而且是人类理解的基本原理。

抽象化会让观点不易被理解，也不易被记住；抽象化还会使人与人之间的活动难以协调，因为别人可能会以不同的方式解读这些抽象观点。这里所讲的"具体"原则有助于避免以上问题。

怎么做到具体呢？请用插旗子的办法。唤起听众脑中已有的记忆，运用对方已知的现成知识。

比如说，我要和你解释圣女果是什么：

解释一：是一年生草本植物，属茄科番茄属。植株最高时能长到 2 米。果实鲜艳，有红、黄、绿等果色，单果重一般为 10—30 克，果实以圆球形为主。具有生津止渴、健胃消食、清热解毒、凉血平肝，补血养血和增进食欲的功效。

解释二：小西红柿。

显然，解释二又简单又清楚。因为解释二是在你已知的概念（西红柿）上插了一面小旗子。当我告诉你圣女果就是小西红柿的时候，你脑中自然就唤起了西红柿的形象，然后再对它进行改造，也就是缩小。

刚才我们让你轻松学会了新概念，做法就是把新概念跟你已知的旧概念绑在一起。在这个例子中，旧概念就是"西红柿"，"西红柿"就是你已有的一个基模。

心理学家将基模定义为某种概念或类别的一般属性集合，基模由我们记忆中预先储存的海量信息组成。

当我介绍一个朋友，说她是小林志玲的时候，那我无须说她的五官怎样、身高体重多少，在你的脑海里，就已经有这个人的初步形象了。

我们都知道，拼多多成立 3 年就在纳斯达克上市了，很多人都在质疑，凭什么？

在美国上市通常有个问题，由于海外投资者对国内公司产品及业务不熟悉，而产品的使用者均在国内，用户和投资人两个群体严重不重合，很可能会使中概股估值偏低。

而拼多多作为"低配版京东"，"社交版淘宝"，美国人一下就懂了。当然这不是拼多多成功的主要原因，但是基模的作用不可小觑。

具体能帮助我们更好地理解事物，同样也更易让人牢记。有关人类记忆的实验证实，人们比较擅长记住具体、易于形象化的名词（如"太阳""巧克力"）而不善于记住抽象名词（如"乐观""正义"）。天生具有记忆点的故事总是充盈着具体的词汇和形象，比如"卖肾买iphone"，要是卖的不是肾而是自尊，你看看这个故事是不是还能被记住。

同样的，你的人设不妨和一个具体的基模联系起来。比如说雷军的人设就可以是：劳模雷布斯。一句话，就体现了他在做什么事（智能产品），具有什么样的品质（勤奋努力且具有创造力），做到了什么程度（敢和乔布斯齐名，就算有夸大成分也是成就很高了）。

这就是具体的力量。

◆ **共鸣**

一个好故事之所以能够引起读者的共鸣，就在于故事能使人不知不觉间从心底进行角色置入，由人及己，从而完成价值观及感情的无声输出。

《让创意更有黏性》这本书中提到一个例子：

美国卡内基梅隆大学曾经开展了一项实验，研究人员想要知道，人们在面对理性动机的慈善捐助和感性的慈善捐助时，分别会做何反应。

研究人员付给每位受试者 5 美元，请他们填写一份科技产品使用情况的调查问卷。（这份问卷的内容其实无关紧要，主要目的是确保让他们手头有点现金，可以考虑是否做出慈善捐助。）

受试者填完问卷后，都能领到 5 张 1 美元纸币的酬劳。每个人也意外地拿到一个信封和一封慈善募捐信，大家都有机会捐出一部分钱给关心世界儿童福祉的国际慈善组织"救助儿童会"。

研究人员测试了两种版本的募捐信。第一个版本主要包含了非洲儿童面临苦难的数据，摘录如下：

马拉维的食物短缺问题波及 300 多万名儿童。

赞比亚的严重干旱问题导致玉米产量下跌 42%。据估计，300 万赞比亚人面临饥荒。

安哥拉共有 400 万国民被迫背井离乡。

埃塞俄比亚至少有 1100 万人迫切需要粮食救援。

募捐信的另一个版本只提到一个小女孩：

您的全部捐款将转交给洛基娅——非洲马里的一个 7 岁小女孩。洛基娅极度贫困，正面临严重饥饿，并可能饿死。您的倾囊相助将会改善她的生活，为她带去食物、教育、基本医疗。

研究人员将其中一个版本的募捐信递给受试者，受试者可以自行决定要不要捐或捐多少，然后将钱放进信封，交还研究人员。

平均起来，读到统计数据版本的人捐了 1.14 美元，读到洛基娅版本的人捐了 2.38 美元。不过，这次实验还有更加精彩的后续，研究人员决定将统计数据版本和洛基娅版两种募捐信都给第三组受试者看。研究人员猜想，看到两份资料的人是不是会捐得更多，甚至超过读到洛基娅故事那组的 2.38 美元呢？数据加上故事，既提供个人需求的号召力，也展现了问题全局的规模，这样的完美搭配或许能掀起新一轮的捐款热情。

错！结果是，读了两种版本的人平均只捐出 1.43 美元。可真是奇怪，故事让人乐意慷慨解囊，但加上了数据，反倒让人捂紧钱包，不爱捐款了，这是怎么回事呢？

研究人员推测，统计数据会把人带入分析性的思维模式。当人们开始进行分析性思考时，就不太容易感情用事。研究人员还认为，正是人们对洛基娅受苦受难的情感反应促使他们起而行动。

人人都相信众多非洲人民深陷于极大的苦难之中，这是毋庸置疑的事实。但光有信任并不一定让人愿意去行动，还需要关心在乎，产生共鸣。

那么人在乎什么呢？最明显也最直接的答案就是：在乎自己。因此，我们可以说：要让他人关心，最可靠的途径就是唤起对自身利益的热情。这里的自身利益可不仅限于财富，还有自我实现和尊重的需求。当我们看到洛基娅的故事，就像看到身边一个受苦的小孩，捐出我们手上的钱，我们的同情心得到了安放；当我们阅读名人的成功故事，比对他人的成长经历，从中获取能量，可以为自己的下一步行动提供精神动力。

所以，在你讲出一个故事前，想引导对方"感情用事"的时候，请你好好问问自己，你想引发对方什么样的情感，什么样的行动，对方又能从中得到什么。

举个例子，假如你是个创业者，你的人设特点里有坚持、毅力这样的关键词，面对创投圈或职场人，你可以讲个连环创业，屡战屡败、屡败屡战的故事，自然能引起他们的共鸣且从中学习到经验。你的故事也就能被听得进去，能被记住，甚至广泛传播。那假如你面对的是一群爱美的小姐姐，可能更适合讲的就是你坚持运动、减肥成功的故事了。

最后总结下四个原则在你讲故事中都起到了什么样的作用：

意外——集中注意力听。

具体——听懂并记住。

共鸣——行动或传播。

至于简单，在整个过程中都有帮助。

讲故事是人类共有的少数特性之一，这种特性真切地贯穿了整个人类的文明史，无论古今中外，无论语言民族，所有人都是故事的传承者与制造者。甚至有人说："谁能讲故事，谁就更能统驭大局。"希望学完这部分内容，你能在人设打造中，运用好"故事"这一利器。

学会这些，
你也能写出好内容

◆ 写作的重要性

我一直觉得，写作不应该只是一小部分人的爱好或者能力，写作能力是思维能力，是现代职场的底层竞争力。在工作中你会不断地遇到很多需要你写点东西的时候，小到写微信加好友的申请话术、工作日志、周报月报，大到写非常重要的主题演讲、公关软文等。

而你如果想要打造人设，更是要学会写作这项技能，它能够更完整更深入地展现你的人设标签，也方便通过各种渠道让更多的人认识你了解你，而且它也是打造人设成本最低的途径。

也许这些还太抽象，我和大家具体说说写作带给了我什么：

一、输出倒逼输入

你要去输出内容，前提是你肚子里要有货。就像我写这本书，我写出每一章内容的前提是我学习并且了解相关的内容。也许以前我在打造自己人设的时候不会特别想着各种方法论，但是当我要把这个东西传授给你们的时候，我就必须得去归纳总结。所以，写作是能够帮助你在你的专业领域进一步提升的。

二、对世界更加敏感

自从我开始写作后，因为需要写作素材，所以我会更善于观察身边的事，比如跟别人聊天的时候，别人有说出什么好的内容，我都会及时记下来。如果听到或见到什么有意思的事，我也会去更深入地了解。

三、思维更加缜密

写作的过程讲究逻辑的层层递进，你会发现不管你的风格是文艺的还是职场干货，都是需要逻辑的，如果你不进行训练，你的表达就会毫无头绪。没有逻辑的人很难构架出一篇长文章。当你写文章久了，你的思维会更加缜密。

四、认知更加深刻

既然你要作出有价值的表达，你就要逼自己对一个司空见惯的事物产生不同和更加深刻的思考，这样你在写文章的时候才能凸显你独特的价值。

当你逼着自己去思考的时候，你就能收获很多东西，这个成长甚至可以说是一瞬间就达到的，但是如果你不去深入思考，可能你需要花10年才会慢慢有这样的领悟，甚至永远不会有这样的领悟。

五、获得更多内心的喜悦

每培养一个可以独处的爱好就会让你更好地面对这个世界，写作应该是独处、跟自己心灵对话最好的方式，如果因此能够收获一些心灵上共鸣的朋友，那将是巨大的收获。

六、获得更多认可

绝大多数人，单位时间只能和一个人说话，而我写的每一篇文章，做的每一期节目，都是同时在对几千、几万、甚至几百万人说话。我从写文章这件事情上面，偷到了 N 倍的时间和注意力。

当你开始坚持长期地输出内容的时候，你会有意想不到的收获，比如可能客户一见到你，就说：

"我知道你，我看过你的文章，我们直接进入主题吧。"

你不需要再去多费口舌证明你的专业能力，在你向客户证明之前，TA 已经买账了。这意味着："你可以通过自己的文字，提前与客户建立信任。"

这就是"二八"法则，做好 20% 的事情，解决 80% 的问题。善于利用规则，但更多时候是通过打破规则，让事情运转得更好。

我认为写作就是这样一项技艺，而 95% 的人都没意识到这项技艺的好处。有一些技能，过了两年以后你再也用不上。而写作，绝对是一辈子精进技能清单中的必选项。

任何时候开始都不晚，但越早开始，你能越早弯道超车，你也可以更快"黑"掉你现在的工作阻碍，进入快车道。

七、人设变现

作为一个 996 的职场人，过着拿时间来换钱，又拿钱来买健康的生活，你有没有过这样的憧憬：

有一天，你不用上班，一觉睡到自然醒，一篇文章的稿酬就是你现在一年多的收入。在高级的社交圈里结识着各个领域的大牛，接触着普通人接触不到的资讯、思维方式，甚至人生规划。你从来都不必担心失业，因为你已经是自己的老板。

告诉你，这并不是白日梦，写作，可以让你实现你的经济自由和时间自由。

著名作家冯骥才曾说，刺激他写作的一种很重要的力量，源于读者的来信——读者与作者通过文字产生一种间接的交流，这种交流跨越了时空、跨越了年代；而当有一天，作者能够感受到读者的反馈，知道竟有那么多素未谋面的人被自己的文字所打动，受到了启发或思考，甚至改变了原本人生的道路，这是多么令人欣喜的事。

如今互联网普及率极高，我们早已远离了那个收到一封信件需要跨越千山万水的年代，每个人都有机会链接到网络上10亿多的用户。"95后""00后"作为新媒体的主力军，有很多人在公众平台上利用写作的方式赚取了不菲收入，甚至比同龄人至少提前10年实现了财务自由——他们有的给公众号投稿，有的自己做自媒体，有的成为了大V；那些虚构作品里草根逆袭的故事，成为了现实生活中人生开挂的真实案例。

如果你认为自己只是一个普通人，没有办法像这些人一样通过写作逆袭人生，那么我想先问你，你真的足够了解自己吗？你开始尝试写作了吗？如果这个答案都是否定的，那么我希望你先试着去做。

知乎上有人问："什么样的人适合写作？"我很喜欢底下的一个回答："想写并且动笔写了的人。"

的确如此。虽然不是每个人都能做到通过写作赚钱，但只要你去做了，就一定会有所收获，有所进步。

写作的范畴很大，因为我们本书的目的是为了打造人设，而自媒体平台是打造人设最好的渠道，接下来的内容，就针对如何进行自媒体写作展开。

◆ 写作的误区

对于写作，我们都有很多认知误区，很可能你越努力越失望。在正式学习写作前我们需要避开这几个最致命的误区。

误区一：文笔不好就不能写作

首先，在我们日常的写作中，文笔只是占据了20%，观点和创意才是更为重要的，不少作家也说过，只要你能认字，会说话，就可以写作。

尤其是新媒体写作，语言注重平实易懂，接地气，不需要多么高深的词汇，也不需要多么华丽的篇章，只要能把意思表达清楚，就可以拿起笔写作。

其次，当你开始写的时候，可能文笔确实不怎么样。可是当你的阅读量越来越多，加上不断地写作，你的表达能力也会变得生动准确，从而妙笔生花。

误区二：用力过猛

这又是初级写手最容易犯的错误了。这个问题容易走两个极端，一个是过于华丽，一个是过于啰唆。

过于华丽的，不好理解。过于啰唆的，读起来就索然无味了。存在过于华丽误区的根源是：文艺情节在作怪，把文章当成了个人才华的秀场，而忽视了文章的内在价值。

过于啰唆的根源是，相信了素材制胜，忽视了好东西还要有好包装。

那么，真正好的文字是什么？怎样表达最顺手就怎样表达，怎样表达读者最容易接受就怎样表达，在意思表达清楚的基础上，文字达到最简练，用最少的字数表达清楚，就是最好的文字。

误区三：文章写完就立刻发表

很多小伙伴为了求速度，往往刚写完文章，就直接发表了，表面看起来效率很高，但其实隐藏着很多问题。我以前也出现过这种情况，写完了急着发，后来再读就觉得结构不清晰，也会有人反馈说不知道我到底想表达什么。

所以写完后一定要给自己时间再多打磨几遍。有些没有什么时效性的文章，你甚至不必一次性写好，写到没感觉了放在一边，过段时间有感触了再接着写。

文如其人。对自己的作品，要存敬畏之心，绝不能求快而敷衍了事。

误区四：日更是最努力的姿态

日更的高手有没有，确实有，而且每篇文章质量都很高，旁征博引，娓娓道来，但我们写作新手要明白，这样的人，往往都是那些读过很多书，写过很多年的高手，他们可以信手拈来，提笔成文。

我不建议普通人一上来就日更，一是压力太大，难以坚持，二是你没有时间去学习和积累，很难进步。

我之前见过一个小伙伴，每天坚持日更，写作半年后，文章阅读量没变过，结构没变过，整体感觉，最后一篇和第一篇差不多。他在努力，但进步不大，因为更多的时候，全放在了简单的重复和盲目的数量堆积上面。

把自己搞得很忙很累，却常常做不出好的成绩。每天都在写文章，有时候写到心力交瘁，但数据好的寥寥无几。大家有没有过这样的经历？如果有，那真的应该好好反思一下了，想想文章质量，想想创新程度，想想自己有没有动脑筋。

不要用战术上的勤奋掩盖战略上的懒惰。

误区五：好的标题就是全部

在现在的新媒体时代，文章标题确实很重要，因为大家都很忙，你如果想让别人花时间看你的文章，那你就要先问自己三个字：凭什么？当你还没有打造出人设影响力之前，别人第一眼看到的就是你的标题，想不想点进去，就靠标题的吸引力了。

所以标题很重要，但并不是说，一个吸引人的标题就是全部。因为标题要和内容结合。假如你是开饭店的，你把别人招呼进来了，但半天上不了菜，别人肯定也是不会买账的。走的时候再告诉你一声：下次再也不来了！

把标题取好，取得吸引人一些，这是必需的，但标题只决定我们文章的初步打开率，想让别人喜欢，想留住读者，那就得靠过硬的内容。人家点进去之后觉得内容不错，走心，看完很有收获，那下次就有可能再来。

标题党不可怕，可怕的是你只想当个标题党。

误区六：不会写，多读书就会了

我们都认为，写作是一个先输入，后输出的过程，你总觉得，肚里除了脂肪肝，要有真东西，才能写出好文章，所以得先多读点书再开始写。

这个逻辑乍一听没问题。

多读书没错，错的是你总认为自己读一百本书，就会写作了。

但是你读了书，真的吸收了吗？会学以致用吗？如果读了就抛到九霄云外，也没有真正消化和吸收，那么你的多读书，也是无用功罢了。

再者，读了一堆理论，缺乏实践的话，依然离写作有十万八千里的距离。

就像我们做一道菜，阅读是材料，写作是入锅，材料准备好了，如果你不把它入锅，怎么把菜做出来呢？所以，想要学会写作，还是要动笔写。

误区七：想到什么写什么

很多人写文章都是提笔就写，想到什么就写什么，写完后让读者不知所云。

接下来我们将从选题、框架、素材、开头、结尾、标题、修改这几部分详细介绍如何写好一篇自媒体文章。

方向大于努力，你的方向对了，才能让你的努力发挥出最大的价值，方向错了，你的努力越多，却会离目标越远。

◆ **选题**

文章选题的重要性不言而喻，选题决定文章方向，方向决定文章内容，内容决定文章高度。

大致可等化于下面公式：

文章高度 =80% 选题 +20% 内容和运营

但现实情况是：

选题是文章成功的核心保障，但写作新手往往在选题方面的学习投入最少；文笔、运营手段仅仅提供辅助，但大家在此付出的学习时间最多。

很多人写文章，一开始："选题那么多，我都想写写。"可是写了一段时间之后，就变成"找选题难，难如上青天"。这一节就来教教大家如何找一个好选题。

一、选题的前提

做选题，一定要和自己的人设定位相符。

"同道大叔"作为一个星座大号不会带着上百万少男少女在大晚上学习领会丝路精神，"刘兴亮时间"作为一个科技大号也不会在文章中教你撩妹技巧。

所以首先就是要明确自己的定位：我是谁，我的内容发给谁看，给他们带来什么价值，解决什么问题。

这部分内容我会在"账号定位"中详细讲解。

二、找到选题的方法

我们可以先把选题进行分类，不同的选题类型采用不同的方法。爆款选题、热点选题、系列专题、关键词拓展选题，接下来对这四类选题一一详解。

1. 爆款选题

从微信朋友圈的爆文出发找灵感。

每次刷屏的 10 万＋ 爆文都要收集起来，分析选题和标题。比如酒店卫生不合格的文章火了，那你是不是也可以就这个问题发表自己的观点。也可以发散着去写，比如写餐饮行业的卫生问题、游泳池的卫生问题等等。

在这里推荐给大家一些好用的工具：

（1）西瓜公众号助手

这是一款基于数据挖掘的内容推荐引擎产品，为公众号提供专业的内容检索及推荐服务。西瓜公众号助手收录了 200 万＋公众号，还进行了行业分类，通过大数据智能快速筛选、智能分析出每时每刻最热门的、值得关注的内容，还可以根据你的公众号的历史文章、类型等，推荐订阅相关的词汇，以获取最适合的文章素材。

（2）微小宝

提供多平台的公众号运营工具，同时也是专业的微信公众号数据分析平台，提供微信公众号排行榜、热门文章排行榜等功能，为公众号运营者提供数据支持。

（3）爱微帮

这是一个专注于新媒体服务和智能传播的平台，旗下的微榜是一个微信公众号排行榜，大家可通过微榜了解到当前行业中最有影响力的微信公众号和热门文章。

2. 热点选题

我们都知道热点选题的爆发力是巨大的，甚至无法估量。大家每天可以通过微博热搜、百度指数等渠道来了解热点，避免闭门造车和自嗨。

热点选题的确是非常好的选题来源之一。但在自媒体圈，追热点成风的大环境下，如何脱颖而出不被淹没，就需要看你文章的切入角度是否跟别人不一样了。下面我们以"拼多多上市"为例，看看有哪些不同的角度可以切入热点。

（1）具有争议的地方可以给特写

仅仅成立3年的拼多多，在亏损和负面消息不断的情况下上市了。因此，根据"争议的地方给特写"原则，就可以产生下面的选题：

《负面消息不断的拼多多，为啥可以上市？》

《成立三年，流血上市，拼多多这么拼是为了什么？》

（2）背后那些持久性、普适性的主题

俗话说"透过现象看本质"，对于热点而言，我们就要"透过热点看原理"。拼多多上市，最有的说的一点就是"消费降级"。因此，我们选题可以是：

《拼多多式消费降级彻底撕开了一线"伪中产"的遮羞布》

《爱用拼多多就是消费降级？别傻了！》

（3）这个事件的反面有哪些故事

我们写东西的时候，经常贯穿各种"常理"于其中，久而久之，自己写着没兴趣，读者看着也没新意。偶尔，试着跳出里面的某条道理，看看它的反面，也许就能找到不一样的选题。比如，当所有人都在质疑拼多多时，你可以写：

《拼多多为什么没有被电商巨头模仿杀掉？》

《拼多多为什么能爆红？我发现了它的用户增长秘诀》

（4）还有什么未被讲出的背景故事

如果某个热点还有哪些没有被讲出的故事，你可以讲出来。也就是针对"拼多多成立不到3年就上市"这件事可以延伸的点，满足一下用户的"八卦心理"。

《站在拼多多背后的五位大佬，怪不得三年就上市》

有一些热点是突发的，也有一些热点是可预期的，就像各种节日庆典。针对这些可预期的热点，就需要提前准备一张热点日历，我在用的一个小程序是热点小黄历，上面会把各种热点事件都给你标注好。

3. 系列专题

第三种就是系列专题，好几篇文章围绕同一个选题来写。比如每年年底，我都会有一个《年度中国互联网哈哈榜》的系列文章，用来盘点年度互联网事件、人物、关键词等等。

自媒体阅读的最大缺点就是碎片化，东一榔头，西一棒子。为了追求新鲜刺激，每天都在变，用户很难构建系统的知识体系，做系列专题可以有所弥补。

主题拓展可以通过画树状图的方式，树状图往往有一个主干，在主干的基础上逐层拓展分支。

例如，这个主干是产品销售，那么他的分支就包括——销售心理、销售技巧、客户维护等。在主干的分支上继续扩张，就可以将销售技巧细划为——客户定位、促销方案、销售话术等。

只要找到关键词进行树状图式的分支扩展，就会从一个主题变成一系列选题，选题的范围就会变得非常广泛。

4. 关键词拓展选题

有些人发现，用了上述三个方法，在内容取材上还是很容易枯竭，写着写着就没内容没方向了，那再教你一个找到源源不断选题的方法。

其实很简单，以某一个领域或者产品为核心，向四周扩散，这样内容就很容易解决了。比如你想打造"口红资深达人"的人设，你该如何做到有源源不断的选题呢？

首先我们以口红为中心主题，先写与口红有关联的人群，女人、男人、学生和白领，其次再想想这些群体的用户画像属性，比如性格、年龄、区域、职业、星座、爱好等等。我们就用这 10 个关键词和"口红"

做数学上的排列组合，任意 1 个或多个词和"口红"进行组合，你会发现内容方向有几百种，足够支持一年以上的原创内容制作。

比如学生 + 口红：大学生最爱的 10 款口红推荐。

比如星座 + 口红：最适合十二星座的口红，你选对了吗？

比如男人 + 性格 + 口红：做一个合格的男朋友，根据性格色彩为你女朋友选最合适的口红。

比如地区 + 白领 + 口红：北京的白领最爱的 10 款口红推荐。

◆ **框架**

写作时最忌条理不清晰，尤其是需要向读者传达某个观点时，如何合理地构建一篇文章就显得尤为重要。

一篇文章的好坏主要看两个层次，第一个层次是传递的思想是否对读者有价值，这取决于作者的阅历见识或者筛选整合的能力，通俗点讲就是你的脑子里要有货。第二个层次是能否用合适的方式表达出来，这就是我们要讨论的部分。

一、构建框架

当我们就某一主题进行说明或论述，通常会寻找一个切入点，然后沿着各个方向进行深入挖掘，最后汇总起来，这时你脑中的思想是这样的。

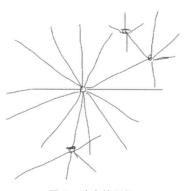

图 6　脑中的思想

很混乱，非常不利于读者的理解，所以在写作时就需要列出框架来固定这种说明顺序，最后形成类似这样的逻辑图（图7）：

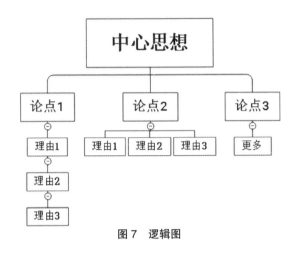

图 7　逻辑图

文章的框架大家需要掌握以下三种：并列式、总分总式、递进式。

1. 并列式

文章各部分的内容没有主次轻重之分。比如你写一篇文章，中心思想是让大家多读书，文章中谈到了读书的目的、读书的方法、读书的好处，就是采用并列的结构。

另外，清单类的文章基本都属于这类结构。

比如写一篇书单，给大家推荐 10 本好书，再比如列出 8 大旅游胜地或者 10 个最值得收藏的网站等等。

2. 总分总式

先总述，再分说，再总结。这种关系还可以演变为"分—总"或"总—分"的结构方式。

推荐大家采用总分总式，虽说"分—总"或"总—分"也很常见，但使用不好，容易给人留下话没说完或者不知所云的印象。"总分总"结构是风险最低的，可以帮助作者、读者理清文章的脉络。

使用方法也很简单：

文章开头先表明观点，分别列出能证明总观点的证据，最后总结观点。

比如，在《亮三点》——"今天下互联网英雄唯中美耳"这期节目中，最开始我就讲了全球的互联网格局——中美争霸，且中国和美国比还有很大一段距离。接下来，我分三点来证明这一观点：

左一点：美国——面向全球的底层创新。

右一点：中国——规模效应。

下一点：其他市场不足数也。

最后总结并表达了对中国未来互联网发展的期许。

3. 递进式

文章几部分内容逐层深入。由表及里、由里及表，这些方法都无可厚非，关键一点就是，要让读者能看得出你文章的层次。文章有了层次，才会更加清晰，也更有说服力。

在这一点上，最常见的手法莫过于"由现象到本质""由个例到普适"这样一个过程。比如分析一个时事热点，我们可以从事件本身入手，挖掘其背后存在的问题，继而回归到自身和全人类，这样的事件给了我们怎样的启示。从而确保文章脉络清晰，行文完整，有思想且有深度。

比如，在《亮三点》——"聊聊996：可以吃苦，但不能吃亏"这期节目中，我先介绍了996事件的开端：程序员发起的996.ICU；再讲到马云对996表态使大家对996的不满达到高潮；最后表达自己对996的看法，也就是：成长996，而不是工作996。

按照事件发展的过程，再由现象到本质层层递进。

二、列出关键句和小标题

确立了文章框架后，有了一张大致的逻辑图谱，就可以开始正式写作，但这时你发现各论点之间基本是"各自为政，互不干涉"，我们还需要用关键句来将各论点衔接起来。

关键句还可以提前把作者的思路告诉读者，使读者做好准备，以便更快地理解作者的思想，更好地跟上作者的思路。关键句可分为两类，一类提炼主要思想的要点关键句，另一类是承上启下的过渡句。

要点关键句的写法是：文字足够简短且能够概括下面的内容，而且要吸引读者继续阅读，这时就该修辞手法上场了。

举个例子，你的文章关键句是"我们日益走向信息透明化的时代……"，然后下面列举具体的案例。这个关键句提炼得没毛病，但读者看到就无感，如果把它换成"我们正在互联网中裸奔"，这就更能吸引读者往下看。

过渡句的写法没有那么烧脑，从上一章节挑选一个词或句子，把它用作本部分的起始句中，比如："确立了提纲后，就有一张大致的逻辑图谱，就可以开始正式写作……"

再比如，我在文章《苹果的战略，越来越贾跃亭了》中写道："这届发布会是个信号，从此以后，苹果或许不再'硬扛'，开始'服软'。"前文写了苹果的硬件，这句之后开始写软件，这句话作为过渡句就使得整篇文章连贯流畅。

在篇幅较长的文章中还应该提炼出思想要点作为小标题，小标题一般比关键句更简短。

我认为小标题至少有三个作用：

它可以将文章分为几个部分，让人一眼就能将文章拆分，更加便于理解和记忆；

它可以将大段的文字分割，让人读起来不那么累，中途可以稍微得到一点缓冲与休息；

用好小标题，可以使排版更美观。

最后，在关键句或小标题的地方，你应该用加粗、变颜色等方式突出体现。

三、填充素材

这时，你的框架应该变得更清晰了，下一步就该填充素材。在这个时候，很多人都会犯一个错误，就是运用过多的素材。

这一方面会造成这篇文章的细节非常多，但这些细节很可能不是为论点服务的，这样读者的思维都容易被带乱，转而关注无关的细枝末节，而这并不是文章要传递的东西。何时应该进行细节描写，何时用抽象的语句一笔概括，参照的标准就是能否对结论有加强的作用，能的话就多写细节，不能就抽象概括。

另一方面，过多的素材会导致推理过程变长，读者的注意力本就难以持续太长的时间，通常对一个分论点推理时，7 个小段的长度比较合适。

到此为止，你的文章基本完成，差不多到了文章结尾，为了强调这篇文章的中心思想，你应该做一个总结，简短地陈述即可，或者展望一下未来。

◆ 素材

很多人在写作时，往往都会遇到一个共同障碍：没有灵感，不知道写什么，别人好像总有不会枯竭的创造力，而自己一提笔啥也写不出来。

我们的记忆总是短暂的，每天都是重新整理、删除记忆的过程，我们总是忘记某些事情，或者把某些记忆掩埋在记忆深处。

在吵架的时候尤其明显，总是在结束后，才想起有很多反驳的话语没有及时说出。在写文章的时候，有些典故，我们也没有办法信手拈来。

而你的问题，其实就是缺乏一个自己的素材库。

我们平时看文章的时候，经常会注意到一个现象，就是好的文章，或者比较厉害的作者，他们的文章里总是有很多素材，旁征博引，这可不是他们的脑子好，全记住了，很多时候可能是别人记录下来了。

好的作者，都有一个属于自己的素材库。这个素材库的内容来源于日常生活，好的故事、好的句子、好的想法，以及灵感等，随手记下，日积月累，最后成为了一个强大的素材库。

一个强大的素材库，可以每天为我们提供源源不断的灵感，节省我们的写作时间、提高效率，保证我们文章的质量和稳定性。

一、素材库可以分为哪几类

素材库的分类并没有绝对的标准，每个人都可以通过个人喜好或创作习惯来划分，我这里给大家提供一种分类：

1. 选题库和标题库

我们在日常生活中，会发现很多有意思的选题，这个时候就可以建立一个选题库，当不知道写什么的时候，可以去选题库里抽取。

当然选题库是一个大类。完整选题库的建立是在每一大类的选题下面，细分各种好的标题，在写作的时候就能直接用来查阅和参考。

当你不知道该写什么，或者怎样写的时候。大类的选题能够给你提供方向和灵感，而大选题下面的小标题则会给你带来切实具体的素材内容。

2. 金句库

金句，类似于我们上学时老师让我们背诵的名言警句，但是要比名言警句的范围更为宽泛。它不仅可以是几百年前古人的一句诗词或是一本名著中最精华的句子，也可以是一句台词，一句当下热门节目主持人或嘉宾的精辟总结，甚至可以是人们聊天时街头巷尾的民间经验——总之那些珍贵而有价值，精辟而准确，让人听了能够即刻醍醐灌顶，又能铭刻心间的语言，都是值得我们积累的金句素材。

如果将这些金句的内涵参透，并合理恰当地用在文章中，文章就如同画龙点睛，多了许多出彩的动人之处。与此同时，读者在阅读过程中也能消除疲劳；在一瞬之间引起强烈共鸣，甚至为了保留金句而点击关注，或对文章收藏保存。文章也因此大大提高了含金量。

3. 故事材料库

有的时候我们看到一些文章会很合时宜地引用小说或电影里的故事，其实这都源于平时阅读或观影过程中的大量积累。通篇用自己的故事毕竟是少数，尤其在写作技巧还没达到一定水准时。

好的方式是平时在读书、看电影或者看电视剧过程中，将一些非常触动自己的故事或经典的桥段积累下来，并进行归类，关键的时候就能派上用场。

二、如何收集写作素材

1. 碎片收集

我们每天都会有一些碎片的时间，阅读和收集信息也呈现出碎片化的趋势。因此当我们在浏览公众号、知乎或者其他网站文章的过程中，可以利用这种碎片化模式来收集信息，在收集信息时要敏感又开放。

敏感是指对信息和话题的感受度：不仅是对热点信息或经典话题的捕捉，也是在此基础上产生发掘和开拓新领域构想的能力。

而开放就是指在获取信息过程中的包容度，只要是对我们有价值、有益处、能够帮助我们思考或帮助我们积累的东西，都可以作为素材的一部分——收集的时候要广，筛选的时候要精。

与此同时，我们平时在阅读、观影、写作或日常生活中，触动或激发我们灵感的东西，一定要及时地给予记录和整理，因为这所有的东西都是形成我们庞大素材库的基础元素。俗话说"积少成多"，通过对碎片的收集整理和整合，逐步就会形成一个日渐庞大的素材体系。

2. 固定主题收集

搜索文章素材的渠道：

（1）微信体系

如今微信内容的综合性、多元性、丰富性已经使得微信成为一个非常庞大的内容体系。尤其在微信的搜索功能也在不断加强的过程中，微信体系逐渐成为了我们收集素材的第一选择。

首先，不同于微博的即时随意性，大部分的公众号，每天只能推送一次，因此"每日一次"的机会增加了各个领域的公众号竞争的激烈性，每个公众号都想通过"每日一次"推送的文章，聚集更多的粉丝和阅读量，实现商业诉求。因此公众号里的内容，摆脱了大众社交媒体言论中的随意、松散的特点，而具备精练、价值高、文章水平优质等对于收集素材的有利因素。

其次，我们发现微信的搜索功能正在不断增强，从过去的只能搜索好友以及聊天内容到现在可以搜索朋友圈、公众号、小程序、音乐、表情甚至还有百度百科、知乎等的外围网页，因此微信搜索所汇集的内容更多，信息量更强，内容的整合性也更强。

（2）微博体系

微博里热点频繁、大咖云集。如今已经成为搜索素材的一个不二宝地。

首先，微博具有极强的时效性。

一个热点的爆发，往往是先从微博开始的，因此当你需要热点话题素材，并且想要知道大众的态度，就应实时查看微博热搜。

其次，微博的一大特点就是极度开放。你可以在很多微博大 V 的关注里找到他们彼此之间的相互联系，也可以在他们每条微博的评论里，看到最受支持的观点言论和态度。

再次，微博的强互动性，造成其多元化的文化生产力。

不同于微信朋友圈的熟人环境，微博非常开放，人人都能参与互动，每个人都可以在这里迸发思想，释放表达欲，因此，微博也是一个诞生段子和金句的地方。

最后，微博评论区是一个素材金矿，尤其是点赞前排。

我写文章的时候，经常会加入网友评论的内容，这是增加共鸣的好办法，而且网友是真的有才，不服不行。

（3）行业网站

每个行业都有很多垂直网站，内容专业、定位精准，因此如果你找寻专业内容，在这些平台上搜索效率会比较高，也更便捷。

比如我做互联网方面的内容，就经常去虎嗅、36 氪、腾讯科技等网站搜索相关内容。

（4）百度

百度是大家最熟悉的，这里我也不需要说太多，优势就是拥有海量资源，在百度上可以搜全网的内容，信息量巨大。很多素材可以直接在百度百科里找到，而且内容相对权威，比如你写人物，写干货，就是很好的一个素材源。

（5）知乎

知乎上大 V 内容质量相对较高，在它内容的生产机制下形成了很多专题，每一个问题都有专业人士从不同角度解读。

同时，现在知乎热榜每天都会更新，里面有很多新奇好玩的话题以及相应的回答内容，对于我们找话题，找素材也是一个很好的渠道。

（6）豆瓣

豆瓣，文艺青年的聚集地。我个人喜欢在上面找电影、找书，里面有很多相对专业、功底比较深厚的作者。

（7）书籍

任何时候都不要丢掉书籍。书籍的版权保护相对网上的文章更好，因此书上的很多素材资料，你在网上是搜不到的。

以上就是最常用的七种素材搜索的渠道。另外说一下，大家用的搜索渠道基本都一样，考验的就是你的搜索技巧，写文章的时候一定要预留出足够多的时间展开联想，尝试用各种各样的关键词，在不同的渠道分别重复搜索，可能只是换了一个词语，就能搜索到意想不到的好内容。

三、用什么工具整理素材

收集了很多资料，记录了很多想法，但如果不把这些东西整理出来，其实和一堆废铜烂铁无异，和放在回收站里没有区别。时间久了，连我们自己也会遗忘那些我们曾经收集、记录下来的美好。

收集素材最终的目的是为了方便调用，我试用了很多的工具，最终确定下来用印象笔记作为承载工具。

下面我将从收集、整理、调用三个方面分享我个人使用印象笔记的一些心得。

1. 收集

印象笔记支持添加全网内容，比如微信文章、微博、网页等。

图 8　印象笔记

2. 整理

资料都收集到了印象笔记这一工具中，我们又该如何整理庞杂的材料方便以后使用呢？这其实是一门颇为有趣的艺术。

根据个人经验，整理笔记需要充分利用印象笔记自身提供的两个功能：笔记的三级结构和标签。

印象笔记的三级结构：笔记本组＞笔记本＞笔记。

这个结构其实与大家熟悉的文件夹结构（文件路径）是一致的。两层结构之间是包含与被包含的关系，上一层包含下一层。我们可以把这种结构称为树状结构。

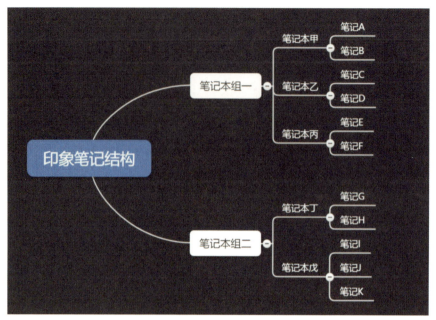

图9　印象笔记结构

在印象笔记中最直观的笔记整理方式是"笔记本"。笔记本的概念来自传统的纸笔记录，所以入门时使用起来非常易于接受。

在很多刚开始接触印象笔记的用户中，有一种常见吐槽就是印象笔记笔记本只支持三个层级（笔记、笔记本和笔记本组）。这里我们应该树立一个"笔记本在电子笔记中存在的意义更多是方便浏览，而不是搜索和具体分类"的观念。如果有了这个观念，你会发现三个层级对于绝大多数人已经足够了，要知道目前印象笔记默认支持新建最多 250 个笔记本，所以一定要克制。

至于要更好地实现搜索和具体分类，你需要用到的是"标签"。

从每条笔记上限支持 100 个标签、每个账户上限支持 10 万个标签来看，你就可以感受到它相对于上限为 250 个的笔记本而言拥有更高的可操作性。另外，在印象笔记中我们可以把标签理解为一个和笔记相关的关键词，标签本身还支持层级结构的筛选和搜索。

笔记每添加一个标签其本质上就被赋予了一个不同的维度。这个维度可以是笔记来源，笔记涉及的知识类型，某个项目的进展情况，也可以是任何能想到的东西。一条笔记只能属于一个笔记本，但是完全可以具有多重属性（也就是多标签）。

用故事素材笔记举例，关于故事素材只要有一个"故事"笔记本就可以，这个笔记本中的每一条笔记，你可以给予它几个属性，比如：来源、特点、领域。来源可以是电影、书、文章、朋友等，特点可以是有趣、深刻、实用等，领域可以是区块链、人工智能、职场、创业等。

后期我们想看什么都可以自由组合，比如想看区块链领域有趣的故事，来源无所谓，可以直接搜索"区块链""有趣"这两个标签即可。

标签的存在让笔记之间跨越了物理界限，能否用好标签也是能否用好印象笔记这一工具的关键。关于笔记本和标签可以简单总结为：笔记本用来大致区分，标签用来详细关联。

3. 调用

素材收集是为了最后的快速调用，所以之前的分类工作就体现出价值了。通过印象笔记有两个调用方法：

（1）运用搜索功能。

印象笔记搜索功能很强大，包括但不限于标题、标签、时间、位置等等，只要学会搜索命令，无论怎么查找，你都能快速调用素材。

加号 ＋ ：多关键词搜索。

减号 － ：不包含某关键词。

双引号 " " ：精确搜索。

notebook：笔记本内部搜索。

intitle：标题搜索。

举个例子：

"intitle：区块链"这个命令用于搜索标题中含有区块链的信息。

（2）按分类查找。

合理的分类，同样能让你找到相关的信息。

按照分类结构，我很快就能找到自己想要的素材，比如关于5G的，我只要点开这个笔记本，里面全都是相关的素材。当然这仅限于你素材量不大的情况下，如果素材很多，还是要用搜索的方法，搜索相关的标签或标题。

图10　笔记本

记住，建立素材库是用来快速调用的，找不到等于没有，所以在给素材取标题或建标签时一定要有规律可循。

四、运用素材

接下来我们来讲讲素材的填充。素材的填充是有技巧的，很多时候我们能看到，同样的素材，不同的作者用出来，效果完全不同，这是怎么回事呢？

这里我给大家讲一下素材运用的几个方法原则。

1. 紧扣主题

这里要求我们搜集的素材首先要和主题相关，或者侧面和反面相关，这样素材运用在文章当中，读者读的时候不至于有不知所云的感觉。

例如你的话题和爱情相关，那你可以找钱钟书、杨绛的例子，可以找王小波、李银河的例子。紧扣主题是第一原则，也是最基础的。

2. 素材为观点服务

我们找素材，用素材，并不是为了专门展示素材或者展示我们的文采的，而是为了带出我们的观点，让我们的观点更好地被读者接受。

很多人在运用素材时像炫技一样，素材用了一大堆，但不知所云，找半天也看不到他的态度观点，这其实是乱用素材。

3. 个性化改造

例子是死的，但是每个作者都有他的风格，这就要求我们在使用例子时可以依照个人风格适当改造，使其更贴近我们的文风，更好地展示我们的个人特色。

◆ 开头

文案界大佬休格曼说："文案第一句话的唯一目的就是让读者读第二句话，第二句话的唯一目的就是让读者读第三句话，然后是第四句话……"

其实，把文案换成文章，同样适用。标题影响着文章的打开率，开头决定了读者是否愿意看下去，文章开头的重要性不言而喻。那么如何写出引人入胜的开头呢？

一、讲故事

如果说思想是 21 世纪的货币，那么故事则是它流通的重要载体。

《玩具总动员》的编剧安德鲁·斯坦顿说："我们与生俱来喜欢听故事，故事可以证明我们是谁。我们都想证明自己的生活是有意义的，没有什么比故事更能做到这一点。它能够跨越时间的障碍，无论过去、现在还是未来；它允许我们体验我们和其他人、真实与幻想之间的各种相似之处。"

人人都喜欢听故事，好故事不仅可以快速抓取读者注意力，还能与文章其他内容相辅相成。经常能看到别人的文章开头写"我有一个朋友……""有个同事说……"，然后讲一个小故事，引出文章主旨。

如何写故事开头呢？

第一，根据文章主旨构思一个故事，可以是真的，可以是听过的，也可以是虚构的；第二，尽量在 200 字以内把这个故事讲完整，包括起因、经过和结果；第三，要在故事最后，点明故事和文章的关联。

比如我的文章《微信视频通话？不好意思，我们不熟》就用了这样的开头：

下午和人谈事，微信弹出一个视频通话邀请。看了一下名字，不熟，好像是在近期某个活动上加的微信。

我猜可能对方按错了，于是挂掉，继续和朋友谈事。岂料不到两秒钟，邀请再次响起。再挂掉，再响。

　　受了这个刺激，有些莫名其妙，对谈的逻辑链条都给掐断了，情绪瞬间就变得很坏。心里居然冒出句广东话，丢你老母。

中国人在人际交往中应该讲究进退感与分寸感。

这就要求我们平时做一个有心人，听到看到名人的故事、周围人的故事，及时积累。另外，"让自己成为一个有故事的人"这部分专门介绍了如何通过讲故事的方式来告诉别人你是谁，虽然故事的用途和这里不大相同，但讲故事的技巧都是通用的，大家可以把简单、意外、具体、共鸣这几个讲好故事的原则用在这里。

二、明观点

文章开头就开门见山给出结论，点明文章观点，然后再层层展开，分析解释自己为什么会得出这个结论。

平常见到的说明文和议论文、报纸上看到的新闻，大多采用这种倒金字塔式的叙述方式。

对于作者来说，结论先行，然后分析得出这一结论的原因，主次分明。写作时不容易跑偏，叙述条理会更清晰。

而对于读者，开篇就看到文章的中心观点，他会很好奇作者是如何得出这一结论的，从而跟随着作者的思路继续阅读。

当然，这就要求文章的观点有新意，甚至是出人意料。如果开篇的结论陈旧、人云亦云，那就很难吸引读者的阅读兴趣了。

三、设悬念

无论是写文章，还是写小说，设置悬念是作者常用的手法。想想看，你在看某部影视剧或者某本小说时，有没有过抓心挠肝地想知道后面的情节的时刻？

应该有吧，这就是悬念的奥妙。悬念式的开头能迅速勾起读者的好奇心，使人迫切想知道到底发生了什么事。

许多伟大的作家都善于在作品的开篇设置悬念，譬如卡夫卡在《变形记》的开头写道：

> 一天清晨，格力高尔·萨姆沙从烦乱不安的睡梦中醒来，发现自己躺在床上变成了一只可怕的甲虫。

再举个例子，莫言在《檀香刑》的开头是这么写的：

> 那天早晨，俺公爹赵甲做梦也想不到再过七天他就要死在俺的手里；死得胜过一条忠于职守的老狗。俺也想不到，一个女流之辈俺竟然能够手持利刃杀了自己的公爹。俺更想不到，这个半年前仿佛从天而降的公爹，竟然真是一个杀人不眨眼的刽子手。

看到这样的开头，是不是满脑子问号，急切地想阅读后文以解心头的疑惑？

悬念的魅力如此之大，那么如何设置悬念呢？

第一种是颠倒时间，《百年孤独》的开头就属于这一类的典型：

> 多年以后，面对行刑队，奥雷良诺·布恩地亚上校将会回想起，父亲带他去见识冰块的那个遥远的下午。

第二种是突出营造不合理的场景，比如我在文章《先人们要先我们一步用上折叠屏手机了》中开头写道：

> 清明前夕，看到一张网络截图，里边的产品是用来烧给先人们的。所怪异者在于，这个可烧的物品是"最新款折叠屏手机"，售价十九块八角——不便宜。这家店的宣传语是"做专业的扫墓烧纸"，显然背后有人。

第三种就是常见的提出疑问制造悬念，很多公众号文章标题也采用这一方法，比如：

> 中专毕业，从月入3000元到月入30万元，他是怎么做到的？

一篇文章的开头，就像一个人给他人留下的第一印象。开头没有吸引力，就算文章其他部分写得好，读者也很难耐着性子读下去。所以，打磨文章的开头至关重要。

◆ 结尾

有时候，阅读一些文章，开头很有趣，中间也挺有意思，然后……就没了。就像看一部悬念丛生跌宕起伏的电影，好不容易到了结尾该揭秘了，屏幕上跳出三个字：全片完。

这个时候就特想把导演和编剧揪出来，晃着他的肩膀质问："结局呢？还我大结局！"

一篇好文章，不仅开头要有吸引力，主体部分要结构清晰，结尾也不能大意。分享三种常见且实用的文章结尾技巧。

一、总结 + 金句

最常见的结尾模式就是在文末归纳总结文章的重点，总结文章重点的进阶版就是在总结时加上金句，升华主旨。

举个例子，我在文章《互联网 20 年，终于出现了一个连挑 BAT 三巨头的选手》中的结尾就用了这种方法：

> 头条通过攻城略地，稳打稳扎，不断拓展边界的打法，已经让巨头们侧目了。在互联网的江湖，他是一条另类的好汉，颇具智慧和勇气。
>
> 互联网这个江湖，在今后的十年，需要头条这样的挑战者，形成一种"鲶鱼效应"，让巨头都不能有逍遥快活、坐享其成的妄念，而是永远保持一种活力。
>
> 所谓巨头，就是拿来被挑战的。BAT 也不例外。

文章最后几句话，总结全篇，并用一句"所谓巨头，就是拿来被挑战的"升华主旨。

二、抛出问题，引发思考

《提问的艺术》一书强调了一个观点：好的提问能促使人反思激励自己。苏格拉底也曾说："人类的高级的智慧就是向自己或向别人提问。"

比如，我在《从副教授到诺贝尔到底有多远》这篇文章中讨论了中国的教育问题，并在最后留下问题：

> 既然中国人在古代曾有过辉煌的科学历程（尽管是那样的暧昧不明），为何我们在历史的车轮滚滚向前之际，却掉队了呢？

这是问大家的，也是问我自己的。如果你的文章分析了某类社会现状、提出了一些独到的观点，在结尾加上一句引人深思的提问会使文章增色不少。

三、呼应开头，强调主旨

这种结尾方式我们也不陌生，以前上学时，在语文课堂上应该经常能听见老师提起首尾呼应的写作手法。结尾呼应开篇，常见的有三种：

1. 呼应开头的观点

比如说，在看了《流浪地球》后，我写了一篇观后感。在开头我写道：

> 遥望星空，看不见星，猛然想起电影里的台词：北京是看不到星星的。但是，这部电影，却成为了中国科幻电影的希望之星。
>
> 看完这部电影，我真心觉得，中国真正的科幻电影之路，已经正式开启。

在结尾呼应：

虚心学习，开放心态，大胆借鉴，勇于突破，这就是中国科幻电影起飞的加速器。感谢《流浪地球》创作团队，给我们发射了这颗中国科幻电影的希望之星。

文章开头结尾都表达了"《流浪地球》是中国科幻电影的希望"这一观点。

2. 呼应开头的情感

朱自清的《背影》，开头一段他写道：

我与父亲不相见已二年余了，我最不能忘记的是他的背影。

而在结尾，他写道：

但最近两年不见，他终于忘却我的不好，只是惦记着我，惦记着我的儿子。我北来后，他写了一封信给我，信中说道："我身体平安，惟膀子疼痛厉害，举箸提笔，诸多不便，大约大去之期不远矣。"我读到此处，在晶莹的泪光中，又看见那肥胖的、青布棉袍黑布马褂的背影。唉！我不知道何时再能与他相见！

以背影为线，前后呼应，语言虽然简单质朴，却能让读者在寥寥数语中感受到那份深沉的父子情。

3. 呼应开头的场景描写（或环境描写）

应该有不少人在初中时学过宗璞的《紫藤萝瀑布》，开头一段写：

我不由得停住了脚步。

而结尾则写：

在这浅紫色的光辉和浅紫色的芳香中，我不觉加快了脚步。

作者被紫藤萝所吸引，不由得停住脚步驻足观赏，在赏花的过程中回忆起了自己一家曾遭受的迫害与伤痛。花的顽强引起了作者对生命的感悟，她受到鼓舞，于是"不觉加快了脚步"。首尾呼应，文章结构完整严密。

结构完整是好文章的必备条件之一，如果一篇文章只有开头与主体部分，没有结尾，读起来会特别别扭，就像一部没有大结局的电影。

一个好的结尾，能让读者感觉阅读旅程结束，又回到了出发点，同时对文章主题有更好的理解。所以，千万别忘了你文章的大结局……

◆ **标题**

身处在这个自媒体时代，就像身处在一个环境嘈杂，人流密集，每个人都可以发声，处处都是信息的大集市。

我们大声喊出的第一句话，是否能够马上引起别人的注意，决定了这个声音将有多大的关注度。

这第一句话，就是标题。为什么把标题放在靠后的小节来介绍，是因为我自己的写作顺序偏向于文章初稿完成后最后来琢磨标题。想要写出一个叫好又叫座的标题，你需要先明白，一个好标题和一个烂标题之间有哪些区别。

烂标题有两种，一种平平淡淡，让人毫无点击欲；另一种是虚张声势，能吸引人点击，但标题下的内容却完全驴唇不对马嘴，俗称"标题党"。"标题党"很危险，它会让用户感觉自己很蠢，上当了，他们的好奇心会立即转化为愤怒的情绪，恨不得将写标题的人得而诛之。而一个好标题则是基于文章内容的巧妙提炼，它就像烤肉摊小哥往羊肉串上撒的那一撮孜然，能将路过的人吸引到面前来。

置内容于不顾，割裂地谈论起标题的套路，是一种不负责任的行为。

一、写标题的技巧

我以我最熟悉的科技互联网类内容来给大家讲解。

1. 傍名人

名人的影响力以及由此带来的关注度、流量等远远超过普通人。而互联网行业的名人，因为与大家的生活比较近（比如你用微信，你就大概率知道马化腾和张小龙），所以影响力相对于其他行业会更大，也就更适合使用傍名人的方法。

一个没有知名度或知名度不高的人，很难引起大众的关注。但是，如果能够将其与已有的知名人物等建立联系，借用名人的知名度，用户往往会因为好奇而打开文章。这里的名人不仅仅是人，还指一些大家熟悉的事物。比如：

- 比尔·盖茨背后的那个伟大的男人离开了
- 聊聊"双 11"的由来，有家公司比阿里下手更早
- 互联网 20 年，终于出现了一个连挑 BAT 三巨头的选手……
- 揭秘一家融资 4 亿的游戏出海平台，马云、马化腾、史玉柱等大佬都在投资

借助大众所知、辨识度较高的名人、名企、名物的势能来彰显内容的价值，是一个很取巧的办法，不过也要注意恰当引用，如果与事实不符甚至对被引用人／企业的声誉造成影响，那文章被举报、账号被封杀甚至可能会吃官司，这就得不偿失了。

2. 列数字

这一类标题中往往含有一组或多组数字，由于数字是模糊的对立面，所以容易给人一种专业感和权威感，比如：

- 蓝色巨人 IBM 花 340 亿美元买了一项红帽子
- 追踪了 783 家创业公司 5 个月，分析了 64.7 万条数据，我们发现了 10 个有趣的现象
- YY 的海外故事：1 年 3000 万月活、估值 4 亿美金的直播平台，

能有怎样的想象

- 逃离小程序：60% 用户回归 APP，70% 开发者欲放弃开发

还有一些带数字的标题能传递简单习得和立马速成的感觉：

- 一篇长文，读懂"10 万 +"标题的全部套路
- 拜访拥有 5 亿粉丝的 21 位自媒体大佬后，我得出 22 条结论
- 这 4 个灵魂问题，解决你 80% 的困境

大部分人对数字的敏感度大大超过文字，当文中信息包括多条数据时，就可以用数字型的标题。有一点一定要注意，同样是数字型标题，将重要数字前置、利用数字强烈对比等效果会更好。

3. 借热点 + 反常识

科技互联网行业，可以说是天天都有热点。热点谁都会追，可如果你所表达的内容和大部分人都一样，那又凭什么看你的文章呢？与正常的认知、常识相反，打破惯性思维的标题，由于其立意角度新颖，往往会激发用户一探究竟的决心。所以，追热点的时候，一定要问问自己，我和别人有什么不一样。

- 先人们要先我们一步用上折叠屏手机了
- 晚舟未归日媒却对我国 5G 狂赞，树大招风？
- iPhone 用户是"隐形贫困人口"？

上面三个标题借助的热点分别是：折叠屏手机、任正非之女孟晚舟在加拿大被捕、iPhoneX 发布，但每一个热点的角度都是特别的，能引发大家好奇心的。

看到这几个标题，大家的反应一般是：折叠屏手机和先人有啥关系？日本媒体还能为我们点赞，什么居心？我咋成贫困人口了？

借热点 + 反常识的好处就是：不仅获得了热点的流量，而且也避免了用户因为最近看过很多该热点相关的文章，看到你的标题就知道你要说啥，从而失去兴趣再看。

二、写标题的五大步骤

结合以上的标题写作技巧，我们可以总结出一些常见的标题写作步骤。

1. 确定主题

取标题之前，你首先要做的是确定一篇文案的主题，也就是你想要向读者传递什么样的信息？你的目的是什么？

2. 提问法思考

用开放式问题来进行思考：你的内容有什么特色？你能传递什么价值？你的目标读者是谁？你的目标读者会做出哪些举措？为什么会这样做？提问目的是为了找出顾客所需要的卖点，并写在标题中。

3. 列出与主题相关的词汇清单

用一张纸列出与主题相关的所有词汇，然后对这些词汇进行随机组合。比如对这节内容的标题的相关词汇可以列为：文案、标题、吸引、写、眼球、秘诀、技巧……

4. 用之前介绍的标题技巧对取好的标题进行优化

5. 重写，重写，再重写

好的标题源自不断的修改与重写。奥格威写一个标题要重写16遍以上；霍普金斯写一个标题至少花2个小时以上。我每次写文章都偷懒，标题最多也就想1个小时，所以，阅读量很少有达到10w+的，千万别学我。

◆ 修改

当你挑灯夜战、奋笔疾书写完一篇文章后，你的大脑还处在一种高度的兴奋之中，心情愉悦欢畅，看什么都觉得是好的，更不必说自己呕心沥血写出来的文章，甚至在某一个瞬间，你会恍惚地以为这简直就是最好的文章呀。事实果真如此吗？当然不是。

这就如同为人父母者，总是看自家孩子十分顺眼，看别人家孩子眼不是眼、鼻子不是鼻子。如果再拓展一下，这大概也是文人之所以相轻的原因之一，我们看自己的文章，总是无意中用一种包容美化的心态；看别人的文章，则是带了一种批判挑刺的眼光，挑三拣四，甚至恨不能在鸡蛋里挑骨头。换位思考一下，如果在我们看来别人的文章有许多的不足之处，那么我们的文章在别人眼里就一定是完美无缺吗？肯定不是。

我以前写过一篇文章，名字就不提了，当时写完觉得十分中意，便迫不及待地发布了。晚上回来再看时，简直看不下去。我不知道这样的文章当时自己怎么会去发布，为什么不缓一缓，等修改修改再说。

所以，当文章写完后一定不要急着发布，而是要修改，甚至是大量地反复修改。

怎么修改呢？具体可分为以下三步来进行：

一、审视作品

审视作品的方法有以下三种：

1. 自我对话

写好一篇文章后，第一个读你文章的人应该是自己。你可以从头到尾一个字一个字地在心里默念，你也可以大声地朗读。

读完文章后，你需要与你的内心进行自我对话，你可以这样问自己：

（1）我真的表达清楚了主题吗？别人读懂了主题吗？有什么反馈？

（2）文章结构是否完整，整体是否顺畅？段落、句子、词语、标点？

（3）我写的文章对别人有用吗？到底是自嗨还是在为读者提供某些价值？

2. 结伴成长

进行内心对话虽好，但有时我们难以发现自己身上的错误或缺点。当我们把文章拿给别人看时，别人一指出问题，往往会恍然大悟。

而所谓的结伴成长指的就是与你水平相差无几，做着同样事情的小伙伴们一起学习、一起成长。比如，今天你写好文章发给我看，我为你提出具体的建议。明天，则调换过来。

如今，许多热爱写作的人都会聚集在同一个社群里面，而结伴成长恰恰就能发挥出相互点评与指导的作用。

3. 教练反馈

由于水平段位的限制，有时前两者并不能正常发挥出反馈的作用。这时，还需要水平段位较高的教练来为你提供反馈，指出你在写作中难以发现的问题或者是值得你继续去保持的地方。

这就需要你平时结识一些欣赏你，且写作能力比你强的人，并且你要在某些方面能给别人提供帮助，不然让别人花时间给你指导，一次两次还行，再多就招人烦了。

二、给出具体可实施的建议

不管使用以上三种方法的哪一种来批评自己的文章，都最好给出具体而又可实施的建议。

常常有人说，你写的文章好棒，写得真好，继续加油之类的肯定话语。如果你想继续提高，这些鼓励的话听听就好。因为这些话对你提升自己并没有什么帮助。

正确的修改建议应该是具体的。比如，你在结伴成长中为他人提建议时，可以这样来表达：

我觉得你的文章写得不错。好的地方有这些：第一；第二；第三……

不过，我觉得如下的几个地方值得你去再三斟酌：首先；其次；再次……

最后，如果让我来写的话，我会这样写：第一；第二；第三……

你看，这样的建议一提出后，作者本人很快就能了解到自己的文章好与不好的地方在哪里，改进的方法是什么。

当然，写一篇文章并不一定要全听别人的建议。收到建议后，我们自己可以去作评估。想想改进的建议是否可以实施？如果这些建议能帮你提高写作水平，那就赶紧用上呗。否则，就视作一种正常的反馈。

三、批评后的修改

我们在修改文章时，可以从主题、框架、字词句这 3 个部分来操作，主题和框架请大家对照选题、框架这两节内容进行修改和完善。接下来我们重点讲讲如何进行字词句的修改。

2003 年普利策特稿奖获得者索尼娅对此有详细而形象的描述。她采写获奖作品《恩里克的旅程》时，记录了 100 本笔记本，异常痛苦地整理、写作，花了半年时间写成初稿——长达 9.5 万个英文单词。

她的编辑里克·梅耶出马了，用铅笔编辑了整部稿子，删掉大量章节。在这个基础上，作者又花了两个月时间，把文章删改为 3.5 万词，还有几篇共 1.1 万词的附文。这个系列文章又经历了 10 稿修改，加上排版、照片、设计和尾注的准备工作，花了一年时间，最终于 2002 年 10 月见诸《洛杉矶时报》。

可见，一篇好作品，用于修改的时间很可能是写初稿的数倍。索尼娅说："有了坚固的故事结构，我就收紧叙事。"例如，二稿的一个段落如下——

　　他在河边的流民营出没。最后他就住这儿了。这种营地是移民、蛇头、瘾君子和罪犯的避风港，但却比新拉雷多的其他任何地方都安全，这是个超过 50 万人的城市，充斥着移民蛇头和各种警察。如果他因为流浪在城里被抓了，那么，政府会关他两到三天，再把他逐回危地马拉。这比滞留在此更糟，因为又回到了起点。

她的最终稿是这样的：

　　他加入的流民营是移民、蛇头、瘾君子和罪犯的避风港，但比新拉雷多的其他任何地方都安全，这是个 50 万人口的城市，充斥着移民中间人（移民蛇头）和各种警察，警察可能抓住并驱逐他。

就这样地毯式修改，一直到 11 稿，修剪臃肿的文字已经很难了。索尼娅说："我努力用新鲜的眼光看每一个句子，问自己：这个真的必要吗？删掉会损失多少？加快叙事节奏会收获多少？如果保留，怎样改进和缩短它？我对每一个词提问。"

从段落、句子到字词都进行精细的修改，榨出水分，让文章字字珠玑，每一个字都变得无法取代。

怎么作一场打动人心的演讲

◆ 演讲的力量

很多人把演讲想象成总统竞选或是产品发布会那样高规格的事情，其实生活中，演讲无处不在。

俗话说"三人成众"，演讲的本质就是内容的分享，只要你的听众超过了三个人，哪怕你是在面试，面对三个面试官，那么你所阐述的这个过程也叫演讲。

生活中日常的演讲还有学习总结、工作汇报、产品推销、项目竞标等等。总之，演讲无时无刻不贯穿着你的生活。比如，我们公司有读书分享会，每周每个人都需要用 10 分钟对本周自己读的书给大家做个简单的分享。这也是演讲。

与此同时，演讲是一种提高工作效率的绝佳途径——当你将想要分享的内容，经过系统整合通过演讲的方式完整清晰地传达给对方，就能在短时间内达到高效沟通。

所以，演讲当然是你打造人设、扩大知名度的一个重要手段。你做过什么，大多数人都无法看到。你当众说了什么，才是人们了解你做过什么的重要方式，甚至很多时候是唯一方式。

很多关于演讲的书，其核心内容就是口才训练，这种训练和运动减肥一样，一半靠毅力，一半靠天赋，需要耗费大量的时间，还不一定有效果。而本书的这一部分给你讲讲关于演讲的那些简单实用的小技巧，让你能够迅速提升演讲效果。

这一节将分为三部分来展开：人、内容、画面。

"人"这部分，我教你如何通过声音、目光、动作、心理、穿着这几个方面来控场。

"内容"这部分我会从听众分析、开场白、内容逻辑、互动、救场、结尾设计等方面教你如何讲得更吸引人。

"画面"这部分我会传授一些迅速制作PPT的简单技巧，让你在短时间内把一个平庸的PPT改头换面。

◆ 人——声音、目光、动作、心理、穿着

一、声音

演讲可以没有PPT、可以没有动作，但是绝对不可以没有声音。这里我并不会教你发声的方法和技巧，如音准和音变、吐字和归音、呼吸和换气这些非常专业的问题，因为我自己演讲都是山西普通话，实在没资格教你怎么发声，我只讲一些很快能够提升你演讲效果的关于声音和节奏方面的方法。

1.放慢速度

俗话说，有理不在声高。自然，有理也不在语速有多快。观察生活你会发现：那些极具领导力和亲和力的人，平时讲话都是慢条斯理的。

很多人在演讲中会犯一个毛病。当对自己不够自信或过于紧张，或对演讲的内容不够熟悉的时候，说话就会不由自主地越来越快、越来越急。

而演讲本身就是一个分享的过程，对于听演讲的人来说，如果演讲者的语速过快，且没有侧重点，很多东西不给听众留有思考的时间就一带而过，那么，演讲者没有说清楚，观众没有听明白，演讲的效果和目的就很难达到。最后，由于速度过快而导致的内容漏洞过多，观众也从努力听清到了心理疲惫，最终就会对演讲失去兴趣。

因此，放慢语速，自信而逻辑清晰地进行演讲，并在演讲过程中和听众产生互动，会使你的演讲更权威，使你的分享更容易达到目的。

2. 停顿后更有力

演讲中最有效的声音技巧是"停顿的力量"。

在音乐领域，全部的美感都蕴含在音符与音符转换之间的静默时刻。如果你听 rap 的话，你会发现，rapper 们会在音乐的高潮时突然停顿，这种 rap 技巧叫 break，而如果能很好地运用 break，无疑会为说唱增色不少。

同理，在演讲中，演讲的表演性和震撼力都蕴藏在要点转换之间的沉默片刻。这是一种艺术，通过不断练习你就能掌握。很多演讲者站在听众面前都会感到紧张，所以会没有丝毫停顿地把内容一股脑讲完。如果演讲者比较放松，语速就会放慢，不时停顿一下，语气更深沉，说话也就更有权威。

3. 语气

想要强调某一点的时候就说得再大声些，力度再强些。你说话时花的力气越多，越是强调某一句话，听众也会越发地关注和重视。

如果所讲的事情比较敏感，或者比较煽情，说时要放低音量，语气要更亲切。比如，你低声和大家说："和大家讲个小秘密……"这时候你的低声同样会引起注意力。

一场好的演讲，演讲者的语速会时快时慢，声音时高时低，使用各种停顿来增强效果，突出重点，让人们得到休息并且思路连贯。

不论演讲的话题是什么，演讲时声音的变换方式越多，听众就会觉得越有趣，听起来也越愉快。

二、目光

不论是演讲还是面试还是平时沟通。很多人喜欢低头看地，或者把下面的听众当做木桩子。这些都是很不好的办法。

很多因素都能让公共演讲更高效。他们可以和听众互动，用很专业的语气清楚地表达自己，甚至还会有和乔布斯、理查德一样的个人魅力。唯一不变的就是眼神的交流。

和大家分享一下我演讲时常用的 3 种眼神交流方式：环视、凝视、虚视。

环视是最能够照顾全局的方法，一般发生在演讲开始前：站在演讲台上，先定一下心神，不要着急演讲，而是面带微笑环顾四周——通过环视拉近与听众之间的距离。

环视具体的做法：就是目光从左速度缓慢均匀地移动到右，再从前移动到后，切记头部摆动的幅度不要过大，也不要头部摆动幅度太小而眼珠随意乱转；一定要照顾全局，尽量不要忽视任何一个角落的听众。

凝视和虚视是演讲过程中最常用的两个基本目光技巧。

凝视就是具体地看着某个人和他产生目光交流，凝视需要注意的是：目光停留在听众的鼻梁或下巴处，而不只是眼睛，并保持微笑。目光含义要明确，同时要适可而止，避免与听众目光长时间直接接触，以免被注视的听众局促不安和其他听众受冷落。在每个听众那里停留 3s 左右是比较合适的。

这种方法针对性较强，运用这种方法可对专心致志的热心听众表示赞许和感谢；对有疑问和感到困惑的听众进行引导和启发；对想询问的听众给予支持和鼓励；对影响现场秩序的听众进行制止，使其收敛，达到控场的目的。

虚视就是仿佛看着某个人或某个区域的听众，但实际上并未真实的看着某个人。虚视在演讲中的应用最为广泛，当演讲场馆内听众过多，不适宜用凝视的方式；或是当演讲者需要注意力高度集中，凝视会分散演讲者注意力的时候，多采用虚视的方法。

三、动作

肢体动作的作用通常被夸大了。很多演讲的书都会强调肢体动作对于演讲的重要性。

但其实，在谈论肢体动作时，先关注的应该是避免不恰当的肢体动作（比如手足无措、身体摇晃、频繁走动等），而不是应该做什么动作。

有人一说话，就觉得这双手多余，感觉放在哪里都不对，干脆双手交叉抱在胸前，或者插在裤兜里算了。其实这个动作看上去很不雅，而且表现出来的防卫意识很强，缺少坦诚。当你将自己的正面打开，大家感受到的是你的坦诚，只有你看起来能让人信任，观众才能接纳你的观点。

如果你能避免以上这些，我们接下来再看看怎么用肢体动作为你的演讲加分。

比如，指向大屏幕，让观众跟随你的手势去看大屏幕上 PPT 的内容；再比如，双臂张开，在双臂张开的演讲中，你能带给人一种与观众对等、彼此交流、共同参与的感觉。

除了手势之外，演讲中还应根据内容不同，匹配不同的肢体动作和舞台走位：首先，上场和结束时，一定要有一个浅浅的鞠躬或用手势作揖；其次，如果你的演讲中有煽动性的内容或到了演讲的高潮部分，应该采用比较夸张的肢体语言，如前进或后退等较为急促的动作，用来调动中后场观众的情绪；再次，如果你的演讲节奏缓和，尤其提及政府政策或行业状况等相对理性的内容，在有相关部门的人员到场的情况下，应先对相关人员微微欠身，表示恭谦的态度；最后，如果你的演讲较多涉及媒体、娱乐等相关行业，身体的状态应更为积极活跃，演讲开始前应先面对媒体所在的舞台一侧打招呼。

当然，我们还要注意的一点是，动作是为声音服务的，不能喧宾夺主。过多的动作会干扰观众的注意力，让观众觉得很"闹"。另外，动作不要太刻意，带有过重的表演痕迹的演讲会显得很"假"。

四、心理

马克·吐温说："世界上只有两种演讲者，一种是紧张的，另一种是假装不紧张的骗子。"我个人的经历告诉我，这句话是对的。

可以说，只要是人，当众发言都会紧张，只是紧张程度有所差别。演讲不会紧张的人可以说是凤毛麟角，有些人看上去不紧张，一方面是因为他能够控制紧张，另一方面也可能是因为他演讲经验丰富，讲得多了，紧张感就淡了。

对于大多数并不以演讲为工作内容的人来说，通过丰富的经验去缓解紧张似乎有点不现实，下面我要教你的事情很重要，那就是在演讲之前，如何用一些心理学的手段去控制紧张。

首先，要给自己这样一个心理暗示："每个人都会紧张，所以我紧张很正常，没有什么大不了的。"

能够强化这种暗示的具体做法有：在互联网上搜索一些演唱会车祸、名人演讲出丑或是演员出席晚会摔倒等视频资料，这些视频资料能够带给你极强的心理暗示，让你知道即便在我们眼中已经很成功，很有名望的人在公开场合依然存在犯错的概率，而这些错误，并不会影响他们的魅力或名望，反而使他们显得更为真实——如果他们都会出错，我们为什么不允许自己有犯错的机会呢？放得越轻松，反而越容易降低犯错的概率。

其次，要不断地暗示自己：自己不是宇宙的中心，自己没有被看得那么重要，没有人会注意到自己的紧张。事实也往往如此，当你感到紧张的时候，只是你过度放大了自我的存在感，而实际上，大多数人都不会真正关注你是谁、你演讲的内容是什么。因此放低自己对自己的关注也是一种减轻紧张感的方法。

最后，要切记演讲的内容重于一切，尤其当你还不是那些非常有名的演讲人的时候，你的内容决定了你是否对观众存在绝对的吸引力——内容不好，哪怕表现再放松，观众也没有兴趣去听；内容好，哪怕再紧张，观众也会原谅你的紧张，肯定你演讲内容的部分。

即便你犯了很明显的错误，成为听众茶余饭后的笑料和话题，那么重要的也不是你这个人，而是那个笑料本身。

"刚才那人好紧张啊，忘词忘了三次，就傻傻站在那。"

"是啊，是啊！太逗了。"

"对了，他叫什么来着？"

"……哎！想不起来了。"

这时候的对话通常是这样的，人家根本记不住你的名字，所以完全不用担心。

五、穿着

在"外形是你的'第一符号'"中我们有讲到如何打造符合你的人设、有个人风格的着装。而在正式场合（如演讲）的着装还是和你日常的着装有所不同，我们单独来讲一讲。

关于演讲的穿着，我的建议是：正式一点不会有错。

有些人的演讲还不错，但就是不愿意花心思考虑该穿什么，而且固执地认为，只要在台上讲得好，穿什么无所谓。甚至故意穿得随意，彰显自己的风格。这个人就是我。

有一次参加一个有很多政府领导出席的会议，我是穿着帽衫出席当演讲嘉宾的。主办方很委婉地和我说，应该穿一套正式点的衣服。而我当时却觉得，作为一个互联网老司机，就该这么穿，他们实在有些死板。但后来我明白，在什么场合演讲穿什么衣服，既是礼仪，也是修养，而且它本身也是演讲的一部分。

在世界著名的演讲者中，着装风格最简单的要数乔布斯了。他那一身标配——黑色套头衫、褪色牛仔裤、白色运动鞋，连续 13 年"没换过衣服"。

然后很多人就觉得，大佬都穿得特别简单的，所以我也向他们学习，随便穿穿就行。你千万别搞反了因果关系。不是因为他穿得简单所以他是大佬，而是因为他是大佬，所以穿什么大家都会关注他，穿什么都没关系。大佬穿 T 恤会让人觉得有亲和力，而你穿 T 恤，可能会被当做是工作人员。

所以，你别光看乔布斯成功后是怎么穿衣服的，了解下他在创业阶段是怎么穿的。他曾经从威尔克斯·巴士福德专卖店买来了昂贵的布莱奥尼西装，为的是吸引投资者和公众的眼球。1984 年他在介绍 Macintosh 电脑时，穿的是棕色细条纹西装和白色衬衫，配着同系列的棕色领带。在他早期的其他演讲大会上，他还穿过深蓝的双排扣西装外套、白色衬衫、灰色宽松长裤，并且打着绿色的领结。在他确立了行业地位之后，才开始穿他的那套经典的装扮。

再比如说马云，他的演讲精彩，不是因为他穿了什么，即使穿十几块的地摊货，人们也不会太在意，可能还会夸他接地气。你就不行了，你不是马云，你没有那么大的名气，你就得"装"一点。

所以，登台演讲穿着不能一味模仿，也不能太随意，一定要讲究一点，同时穿出自己的风格，不只为了形象，也是为了礼貌。

◆ 内容——听众分析、开场白、内容逻辑、互动、救场、结尾

一、听众分析

美国总统林肯说过："当我准备发言时总会花三分之二的时间考虑听众想听什么，而只用三分之一的时间考虑我想说什么。"

任何一种演讲，其成败的关键在于听众对演讲的接受程度，因为他们才是这个场合的中心人物，而不是演讲者。所以，在演讲之前，进行听众分析非常必要。

举个我自己的例子，同样是讲互联网创业这个主题，针对不同的人会有不同的讲法。面对创业者，更侧重讲创业中的一些坑；面对学生，更侧重讲创业的趋势；面对政府，更侧重讲大环境下中国或某一地区创业的现状；面对来中国学习考察的外国人，更多是讲中国创业和国外有区别的地方。

演讲的时候还要注意观察，尤其是要重点观察前三排的重要嘉宾，在说到那些业界耳熟能详的专有名词以及缩略语的时候，如果在他们脸上看到了困惑的表情，就一定要补充解释一下名词。

所以在演讲之前对听众进行分析，是非常必要的。建议大家从以下三方面入手：

1. 分析听众人数

在一场演讲中，听众可能是几个人，也可能是成千上万人。几个人的时候你就可以多设计一些互动，让每个人都参与进来。而人很多的情况下，就不宜有太多互动，而且要多角度阐述一个问题，尽量照顾到更多的人。

2. 分析听众的人文特征

这些特征包括年龄、性别、受教育程度、经济状况、文化背景、民

124

族背景等。分析听众的人文特征，可以帮助演讲者预测听众对演讲可能做出的反应。

3. 分析听众关心什么

没有任何东西比人们对自身的关心更重要了。的确，我们做每一件事，先想到的大多是自己，包括去听某个演讲，心里也会有个疑问：我花时间去听这个演讲值得吗？那作为演讲者，你也要好好考虑这个问题：你的演讲，对于听众有什么样的价值，并在演讲时强调这种价值，让听众意识到这场演讲对自己的好处，他们也就会更认真地去听了。

比如，你去学校演讲，你要讲创业的趋势。创业趋势和这些学生有什么关系呢？你要描述创业成功是什么样子，让他们心生向往，并觉得自己有可能成为其中一个。

你可以先举几个大学生创业成功的案例，并从中得出结论，他们就是有远见，看到了趋势，选对了方向，才能获得如此大的成就。然后说："今天我讲的内容，如果你能仔细听，从中得到启发，也许你就是下一个创业成功的人，下次站在这里演讲的就是你了。"

所以，准备演讲时，搜集听众信息，并进行认真仔细的分析，可以给演讲带来不小的帮助。

二、开场白

开场白不好等于白开场。开场白是演讲者传递给听众的第一印象，大家会根据第一印象判断这个演讲是否值得听。开场白如果不够新颖、奇趣、独具匠心，恐怕很难一开始就集中听众注意力。

瑞士作家温克勒曾说，开场白有两项任务，一是建立演讲者与听众之间的感情，赢得听众的认同感；二是打开场面，引入正题。

在这跟大家分享几种常用的开场白方式：

1. 提问式

演讲者在一开始就抛出问题，请听众和自己一起思考，听众带着问题听演讲，将大大增加他们对演讲内容认知的深度和广度。

在世界性的演讲会TED大会上，有很多通过在开场时设置"妙问"的方法吸引大批听众的演讲案例。例如西蒙·斯涅克在题为《伟大的领袖如何激励行动》的演讲中，开场就提出了这样一连串的问题：

> 在事情发展不顺利的时候，你会怎么解释呢？或者说，当其他人完成了一项颠覆常识的伟大成就时，你又会怎么解释呢？比如说，为什么苹果公司能够几十年如一日地不断创新呢？……为什么马丁·路德·金能够领导民权运动呢？……为什么莱特兄弟能够成功发明载人飞机呢？

在这样一连串的提问之后，斯涅克紧接着说道：

> 三年半之前，我终于发现这些成功者有一个共同的特点，我称之为黄金圈法则。

听众一开场就被这样的提问所吸引，自然想要知道问题的答案了。

如果不设置这些提问，一上来就谈"黄金圈法则"的话，听众怕是不会这么有兴趣吧。当然了，如果最后你给出的答案让人大失所望，那开场时的这一连串提问就会起到反效果了。如果你的发现的确具有一定价值，那么吸引听众的兴趣就很重要。大家也试着先提出个问题吧，或许就能借此抓住对方的心哦。

2. 自嘲式

相对于上台正儿八经的自我介绍，调侃式的自我介绍也就是自嘲，会更容易获得观众的好感。

我们有时候会听到这样一种演讲——当演讲者一上场，说完他的第一段话之后，观众席立即就会爆发出一片笑声。千万不要误以为这个演讲者是天生有幽默感或亲和力极强——这往往都是多年经验和实践，千锤百炼后的结果。而达到这种效果，很多人采取的是自嘲的方式。

什么叫做自嘲，自嘲不是讲笑话，确切地说：自嘲不是讲别人的笑话，而是拿自己开涮。而这个开涮的内容一定要非常符合自己的身份、风格、演讲的场所，包括观众的需求。比如：

> 在今天的演讲嘉宾中，我是资历最浅，却是最重（体重的重）量级的一个。

或是：

> 前面的嘉宾都有太多干货，所以到我上场已经延迟到这个点儿了。大多数听众已经去吃饭了，还在场上的听众一定是特别善良的人，不忍心伤害我。那我一定回报给你们干货中的干货。

再如：

> 我周围的人都劝我别干这行，我偏偏就不信，你看这一干就是 20 年，我依然没有干出什么惊天动地的成就来，但还是有些经验可以和大家分享，让大家不要像我一样走这么多弯路。

千万不要把自嘲当成讲笑话，于是就扯一个自以为好笑的笑话——观众不笑吧，是不给你面子，但观众笑了，也笑得很零星很尴尬，这还是好心的观众对你的同情，不忍心你下不来台。

3. 承上启下式

承上启下是一个非常取巧的开场方式，因为上一个演讲者的演讲已经将观众带入了一个情境，在你上台的时候，观众还没有从刚才演讲的思考中脱离出来，如果这个时候能紧接着观众的感觉把自己的观点讲下去，不论是对上一个观点的承接还是反驳都是一种很好的方式。比如：

> 刚才李老师讲得特别好，让我深有感触。那我就顺着这个

观点，再讲一些我的看法和思考。

刚才的演讲，大家都听得特别激情，讨论也非常火热，那么下面，我就给大家来点清凉的消消暑。

刚才听到王总讲这个事情我特别有共鸣，不过最近发现一些新的东西和我过去的认知不大一样，在这里我想跟大家一起分享分享。

总之，就是在之前演讲者的内容中找到自己所要演讲的内容和他已经演讲的内容之间的结合点，延伸这个结合点去发表自己的观点。

当然，承上启下也有一些地方需要注意，比如和之前演讲者之间的关系，如果是熟人或朋友可以随意调侃，但如果关系较为陌生，或者对方比较权威，就要格外注意自己评论的态度。

其实开场的方式还有很多种，但我觉得大家如果不是专业的演讲人，掌握这三种就可以了。需要注意的是，不论你采用哪种方式，在开场的一两分钟，你都至少要让观众了解以下三点中的一点：

第一点是我为什么要听你说。

说白了，就是你有什么资格跟大家讲，你所讲的内容是否权威、专业。如果你的 title 本身就有这个效果，就不用特别说明了。但如果你的公司、职位都不那么金光闪闪的话，为了打消听众的疑虑，在开场的时候，你可以告诉他们自己的特长所在。

比如说：

我在这方面认真研究了十几年。

我接受过一些权威媒体的采访。

我写了一些这方面的文章，读者评价都很好。

第二点是你主要讲什么。

在最开始应该让听众对你演讲的内容有一个大致的了解，不要为了活跃气氛而离题万里。比如你可以说：我今天要讲的内容要点有三个……

第三点是你讲的对我有什么好处。

开场的时候，这个问题不回答清楚，听众很难全身心投入到你的演讲中。比如你可以这么说：我想通过这次演讲，用最通俗的方式介绍一下区块链，帮助大家更好地理解这一新技术。

三、内容逻辑

在准备内容时，首先应当确定内容表达的逻辑关系；然后建立详细的内容表达框架；最后寻找论据，来支撑内容表达。

我们这里主要来突破一下内容逻辑，因为有了逻辑后再把它细化就比较容易了。最后一步，建议大家用故事来阐述论据，丰满内容，至此整个演讲内容就准备完毕了。至于怎么讲故事，"让自己成为一个有故事的人"讲得很详细，忘记了再翻回去看看。接下来我们重点讲讲内容逻辑。

逻辑，意味着层次。很多人说话总是"一二三"排开，不是为了模仿领导做派，而是为了表达更清晰，让别人更易理解。

在演讲中，推荐大家采用"1—3—3—1"模式（这个模式本质上和我们在讲写作时"框架"那一部分讲到的"总分总"是一致的），即在演讲的开头使用一个总起句，结尾使用一个小结句，中间分三个分论点，每个分论点由三个句子或段落构成的演讲结构。通过这种结构组织起来的演讲，思路清晰，结构完整，比重均衡。

我的《亮三点》节目，大部分都是采用的这种结构。比如，在第54 期节目《中国互联网第四次上市浪潮》中，我先用几句话介绍了下事件背景，然后分三点说明大家扎堆上市的原因（左一点：外部上市环境的利好政策；右一点：互联网流量红利基本到顶；下一点：资本压力），最后再用一两句话总结。

作年终总结时，也可以用这种结构。先一两句话总结这一年的工作心得，然后再分三步走：工作业绩——存在问题——未来计划，最后再用一两句话总结以上所有内容。

介绍自己时，也可以用这种结构。过去有什么经历——现在从事什么——未来有什么计划。你会发现，运用这种结构不仅便于听众理解，更能帮助你快速地理清思路。

内容逻辑建立好后，就是建立详细的内容表达框架了。建议大家用思维导图的方式，比如"过去的经历"可以分为"学习、工作、生活"三部分，工作部分可以再细分，"获取的成就、遇到的挫折"，等等。

最后就是给骨架贴肉了。如果在你讲获取的成就时，你列出来一堆，大家很可能一个都记不住。选择最重要的那个，通过故事的形式讲给大家。

这里要提醒大家的是，在演讲中，重要的信息要从多个角度复述。听演讲不是看文章，不能反复去看、琢磨，你说出的话句句都是"直播"，如果听众一走神，漏过一个重要信息，下面的内容可能就会听得一头雾水，让你演讲的效果大打折扣。

四、互动

我们经常会看到一些所谓的励志大师、营销大师的演讲，话术十分高超，让观众做什么观众就做什么，一起狂飙英语也好，上台来连滚带爬也好，几乎接近于群体性癫狂。

在正常的商务演讲当中，不需要也不应该使用这样的手段。大多数商业领域的演讲，观众受教育程度都比较高，也不容易受到这种话术诱惑。而且对于正规的商业演讲来说，加入这种话术进行互动也毫无意义。这种话术通常都是有目的的，无外乎对观众进行精神控制进而骗钱。

一般来说，演讲中的互动有两种，一种是有专门的互动环节，比如演讲一小时，互动提问 10 分钟。另一种是没有相关环节设置，演讲人出于内容需要或者活跃气氛，自己在演讲当中加入的互动。

比如说，我要聊"互联网创业中的坑"这个话题的时候，问台下观众："在座有多少人有过创业失败或遇到重大挫折经历的，请举手！"由大家的举手情况引出我下面要说的观点。

演讲时进行互动，最尴尬的情况就是无人应和，针对以上两种不同的互动，有不同的解决办法。

第一种，有专门的互动环节。这种情况非常常见，也很考验演讲人的控场能力。如果不想台下无人应和，你就要用启发的方式诱导大家进行提问。

"大家有什么问题吗？"这样平铺直叙的提问是起不到诱导作用的。

"我刚盘点的互联网年度十大人物，有人认为 X 先生也应该上榜，大家怎么看？如果 X 先生上榜，替换掉谁比较好？"既然观众不提问，那么你来提问，你可以针对演讲的话题，自己制造一个容易引起争议的观点，诱发观众的表达欲望。只要有人开口，无论是问句还是不是问句，你都可以接下去自说自话了。

如果一直没有人应和，也并不代表观众对你的演讲内容不感兴趣，大多数人会因为在公众场合羞怯，有话不敢说，而对想要发言的内容反复犹豫。这个时候，演讲者就要充分调动对观众的观察能力，如果有人在做一些譬如"摸下巴""摸鼻子"，或是目光注视着你，欲言又止的小动作，你都应鼓励对方站起来发言，甚至直接点名。通常这种情况下，对方都会有话想跟你交流，但是万一对方拒绝，或说自己还没有想好，你也要学会用"没关系，慢慢想""那我先来说说我的想法"等话语替自己圆场。

像这种专门留时间互动交流的演讲，如果特别担心无人应和，可以安排一些托儿。托儿可以是主办方的人，也可以是自己的朋友。他提出的问题要经过事先的设计，可以是有较大争议性和趣味性的问题，这样互动效果会很好；也可以是特别小白的问题，这样更能起到抛砖引玉的作用。

第二种，自己在演讲当中加入的互动。如果使用得当，能够拉近演讲人和观众之间的距离，增进观众对演讲人的好感度，同时也能活跃现场气氛，调动观众的注意力。但如果没有把握，建议还是不要用。

在演讲中加入互动，一定要了解一件事，那就是观众是懒惰的。比如你问："在微信支付和支付宝支付中，平时用微信支付更多的举个手。"有一部分人举手。然后你再问："用支付宝支付更多的举个手。"又有一部分人举手。而这两部分人相加，一定会少于观众总数。是其他人都在用现金、刷卡支付吗？当然不是。他们只是不想举手，或者根本没有在听，换句话说，他们是懒人。

这种"懒人"的比例有多高呢？这和你的互动问题是否有趣以及和演讲主题是否相关有关，如果大部分人觉得你的问题很傻，"懒人"的比例会很高，换句话说，会举手的人只是觉得你很尴尬，可怜你罢了。

要想让互动不冷场，要先设计好问题，你的问题要从大多数人都会举手的那一方面去问，这样才能避免一个人都不举手的尴尬。

比如你在演讲中引用到一本书，不要问大家"有谁看过这本书"，因为很有可能真的现场没有一个人看过。"有谁听说过"也不行，如果是有名气的书，听说过是很有可能的，但你怎么知道听说过的那些人会不会正好是"懒人"呢？所以比较保险的问法是："没看过这本书的人举个手？"可能90%的人没看过，50%的人把手举起来了，这样场面上还是很好看的。如果你再加一句"我想请看过的人给大家介绍一下这本书"，那可能100%的人都举手了。如果大部分甚至全部人都举手了，你就可以接着说，大家都没看过，那我就详细介绍一下。

如果你的问题不是要求观众举手，而是要求观众回答的，答案应该尽量简短，最好是"是"或"不是"，"A"或"B"。这样便于观众回答，大家的答案也容易一致，会形成和声，场面就会热闹许多。

如果确实没有人回答，也不要有"大声点，让我听到"诸如此类的诱导。正确地消除尴尬的方式就是迅速结束尴尬。你可以假装有人回答你听到了。"很好，那边的同学说对了，答案就是XXX。"只要你很认真自信地说出这样的话，观众就会认为确实有人回答了，一点都不会怀疑。

最后来说说"要掌声"这件事。

你有没有遇到过这种情况，演讲人上台介绍完自己后，突然提高音量说："来点掌声好不好？"结果掌声稀稀拉拉，不甘心，又来了一句："我没有听到，掌声可以再热烈点吗？"或者，在讲过某段自认为很出彩的话后，会停下来，环视大家，表情中露出某种期待："此处应该有掌声！"

掌声不是靠要来的，要靠赢得，否则会很廉价，也会拉低你的演讲。当然，为了活跃气氛，也可要掌声，但不可张口就来，而要讲究方法。比如可以通过赞美观众的方式。"今天是周末休息时间，而且下着大雨，我都以为没人来了，没想到这么多人还坚持来学习，掌声送给努力的自己！"或者通过鼓掌示意的方式来要掌声。"我这里有100个我一年多来精心收集的案例，大家需要的话鼓掌示意一下。"

五、救场

演讲，就是现场直播，不是拍电影，它无法叫停，不能"从头再来"，演讲者不但在演讲前要有救场的准备，防患于未然，而且在演讲过程中也要能够灵活应对可能出现的意外情况，从容"救场"，让整个演讲更连贯。

1. 忘词该如何应对

忘了词，一定不能自乱阵脚，要从容镇定，巧妙过渡，这里给大家介绍几种方法：

（1）重复衔接法

如果忘了自己接下来要说什么，或是思路不清晰的时候，可以将之前说过的某些话或重要的关键词重复几遍，在重复的过程中，给自己一个缓冲的机会，将断了的思维链条重新连接起来。

（2）插话衔接法

当你的思路中断的时候，可以和观众进行交流，或者先说一些和演讲话题暂时无关的内容，以便进行思路的缓冲。比如：可以问问观众对自己之前的演讲的内容有没有任何问题，或是需要讨论的地方。即便观众没有举手，在这个过程中，你也已经完成了对演讲内容的回忆，就可以继续自己的演讲。插话的话题和方式可以有很多种，要学会灵活运用。

（3）跳跃衔接法

演讲中话题的内容和话题的次序可以非常灵活，因此，当演讲者在演讲的时候发现自己漏掉了大段内容，或者不知道接下来该讲什么，可以跟随自己的思路跳过原本设定好的话题次序，重新安排次序，顺着思路继续讲下去。

被遗漏的那部分内容，可以在后期想起来之后再弥补；如果后期没有弥补的机会，也可以在最后，采取"特别强调"的方式，把遗漏的段落补充进去。总之，有一个关键，就是不要因为忘词破坏了演讲的节奏。不要在犹豫的过程中，使观众注意力涣散，以致影响整个演讲的效果。

如果实在不善于运用上面的方法，也可以在忘词时这样说："能在这里给大家演讲真的很激动，现在已经激动到忘词了，我来看看下面该讲什么了。"或者直接说"不好意思，我忘词了"，然后马上翻翻稿子，找到接下来要说什么。

你的形象不会因为忘记而受损。为什么？因为实在，因为坦诚，因为不装。和观众讲实话，融入观众，永远比在他们面前吹牛端架子要可爱！

2. 面对尖锐的问题怎么办

大部分演讲者是很怕遇到观众的尖锐问题的，有的时候面对观众的质疑或刻意刁难，因为自己应对能力有限，知识储备量不够，演讲者就会选择视而不见、听而不闻或用一些似是而非的答案应付了事。

这样的方法偶尔实行一两次不会有什么大问题，但如果长此以往，就会破坏自己的公众形象，也会带给观众一种"演讲者没有水准、缺乏专业素养"的感受。

那应该怎么办呢？你可以采用以下几种方法：

（1）答非所问

"传闻贵公司要和 X 公司合并了，是真的吗？"

"我觉得这个不重要，重要的是我们会一直为用户提供最优质的产品，目前我们的月活已经达到……未来我们还要开发一些新功能……"

你看，这就是"答非所问式"了，回答和提问没有什么关系，但是这个答案你挑不出什么错来。而且你的回答越长，观众越容易忘掉问题是什么，你的回答得到的认可度也就越高。

（2）反问

"你们的产品是抄袭了 X 产品吗？"

这个时候，你不能用疑问句去回他。比如："你为什么会这么觉得呢？"一定要避免这种开放式的疑问句，这样等于是把球传到了对方脚下，对方恶意提出问题，本来就是想宣扬自己的观点，打击你的观点，你不能给他这个机会。所以，要么设问，先问问题，然后自问自答表明态度。或者反问，根本不需要对方回答。

比如，你可以设问："市场上有哪款产品和我们拥有同样量级的用户量并且用户体验、评价和我们一样好的吗？我们做过调查，没有。没理由抄袭的比原创的更受欢迎啊，用户可不傻。所以你的问题是不成立的。"

使用反问的时候一定要注意自己的语气，尽量采用一种轻松、温和的口吻进行反问，而不要用词犀利，盛气凌人，带给观众一种挑衅的感觉。

（3）幽默作答

不论在任何场合，幽默都是一种魅力和能力，也是一个人高情商的体现。当然，幽默非常考验人的反应速度和临场发挥能力。

比如有位演讲者说："这件事一定要做到位。"台下马上有个观众大声说："请问怎么定义'做到位'？"演讲者说："'做到位'就是把这件事做得以后出现了任何问题都跟自己没关系了，责任都在别人身上，抽丫的就行了。"

无论何种窘境，幽默应变总能使尴尬迎刃而解。幽默到位，定能产生奇效。

六、结尾

什么是好的结尾呢？好的结尾一定是短小精悍的。在演讲中，留给演讲者的时间是有限的，所以，当演讲完主体内容，要尽快收尾，切忌做太多的过渡、渲染。如果都要结束了还喋喋不休的，很容易造成听众的心理疲劳。你讲的越多，观众越是不耐烦甚至反感。

在短小的结尾中，要包含以下内容：

1. 总结全篇

演讲结束的时候总结一下内容不仅能帮助健忘的观众回忆前面所讲的内容，而且也能画龙点睛，给观众留下完整而深刻的印象，使整个演讲显得结构严谨，首尾呼应，通篇浑然一体。

总结的时候先回顾下要点，最好分条列举，让人一目了然，条数最好不要超过三条，字数不宜多于一百字。最后再用一句话对演讲内容和思想观点做一个高度概括性总结，比如："讲了这么多，无非是告诉大家，爆款文章难以复制，坚持好内容的输出才是硬道理。"

2. 感谢观众

不管你的演讲精不精彩，有没有掌声，最好都能说一句感谢的话，最简单的"谢谢大家"就可以。这是一种礼貌，而且如果足够真诚，也能赢得观众的好感。

3. 结束语

结束语可以是抒情也可以是警示，形式多种多样，好的结尾能揭示题旨，加深认识。

我们做自媒体的都知道，一篇文章的转发率很大程度上取决于文章的结尾好不好。演讲也一样，如果结束语很精彩，会博得掌声，更会让大家对这场演讲回味良久。而如果最后一句话泄气了，那就是虎头蛇尾，演讲效果就差很多。

比如我在讲创业主题的时候，最后的结束语是分享给大家达尔文的一句话："世界上能够生存下来的物种，不是那些最强壮的，也不是那些最聪明的，而是那些应变迅速的。"

◆ **画面**

画面在这里指的就是你演讲用的 PPT。我可不是 PPT 高手，不过每次演讲的 PPT 也都受到观众的好评，而且我也发现很多人做 PPT 会有硬伤，所以我想通过这一小节内容，让大家学习到怎么快速做出一个拿得出手的演讲 PPT。具体分两部分来讲，一方面是设计，一方面是内容。如果你对自己的 PPT 水平很满意，就可以跳过这部分。

先来说说设计。你需要避开这几个雷区：

（1）演讲用的 PPT，一页上的内容不要太多，说清楚一个问题即可，若用来论证的图片或图标比较多，可以分成多页。

（2）动画是为了突出显示某些内容，可以作为重点内容的强调手段。例如市场份额增长迅猛，可以用一个柱状图逐渐升起的动画。但动画、音乐等增加效果的东西，要适度使用，不能滥用，起到画龙点睛的效果就可以了。

（3）使用的设计元素要简单统一，太花哨会分散重点而且也不好看。

接下来就给大家推荐我常用的四种 PPT 设计方法：高桥流、一图流、多文字排版、多图片排版。

一、高桥流

有人说，如果你没听过高桥流，你就是个不及格的 PPTER。高桥流 PPT 是怎么产生的呢？一切的创造皆缘于困境和灵感。

2001 年，日本 Ruby 协会会长高桥征义准备演讲时，由于现场没有演示工具，急中生智，他利用 HTML 网页写了关键词大字网页。演讲时，一页一页快速翻屏，演讲完美结束。

事情没有结束。很多人觉得高桥征义的 PPT 很酷，于是就称之为"高桥流"，成为了一种 PPT 流派。

史上最经典的高桥流作品——《高桥征义自我介绍》，给大家看看。

图 11 《高桥征义自我介绍》

"高桥流"不适合内容过多且听众很少的小范围演讲，如商务谈判、业务介绍等。更适合发布会、论坛等大型演讲。

"高桥流"PPT视觉冲击力极强，能给人耳目一新的感觉。苹果发布会的PPT很多都是典型的"高桥流"，小米、锤子等公司的发布会上，也常常见到"高桥流"的身影。"高桥流"能很好地营造大气、严谨的工业化风格，和高科技产业几乎是绝配。

图12　高桥流PPT

1. 高桥流PPT的三个特征

（1）除了文字，啥东西都没有，利用文字的大小、排版和颜色营造出不同的页面感官。

139

（2）字体通常只有 1—2 种，颜色不超过 3 种。

（3）文字极大，霸屏级别。

2.高桥流 PPT 样式

高桥流全字型 PPT，制作起来也是简便到家了。首先选择好背景，可以是纯色背景，用得比较多的是纯黑、墨蓝等，也可以用渐变色，显得不会太单调。

接下来就是把字放上去了，最经典的就是大字满屏，当然还有很多衍生的用法。

（1）大字满屏。想好关键词，选择字体与颜色，直接满屏。就这样。我们来具体看看：

图 13　大字满屏

（2）极小与空白。不过现在也流行高桥流的反用：极小与空白的对比。这种技巧是把关键词极度缩小，周边大幅留白，这也是一种变相聚焦。

图 14　极小与空白

（3）加入装饰线条。这又是另一种感觉了，会显得更加精致。

图 15　加入装饰线条

线条还有很多进阶的玩法，比如田字格、米字格，加上行书字体，满满的中国风扑面而来。图 16 中米字格是插入了一个矩形和四个线条绘制出来的，非常简单。

图 16　米字格

（4）加入色块。为了引起别人的注意，可以在关键词底部插入一个颜色反差比较大的形状。比如为了能够凸显"玩耍"这两个字，我们可以在文字底部添加一个红色的圆形，以示醒目。

图 17　加入色块

二、一图流

前文已经说过了，我教大家的 PPT 技巧就是为了速成，所以这里只推荐又快又好的 PPT 做法，任何高阶的、需要练习的 PPT 技巧，一概不推荐。

高桥流可以说是最简单且效果最好的一种 PPT 流派了，但是很多人会觉得它过于普通，没有特点。有没有操作起来同样简单，还能凸显自己的与众不同的方法呢？当然有啦，那就是"一图流"。

顾名思义，一图流就是一张图＋文字构成一个页面，它基本上可以算是"高桥流"的图像化引申。

那么，只有一张图的 PPT，如何排版才能显得好看？我给大家总结了四种排版方式：全屏、分屏、添加边框和衬底以及使用形状。

1. 全屏

（1）加蒙版，让文字主题内容更加清晰可见。

图 18　加蒙版

　　图 18 就是在余承东的照片上加了一个黑色的矩形（也就是刚说的蒙版），并把透明度改成了 50%。

图 19　加蒙版的方法

　　（2）加色块，这是最常见的图片处理排版方式，一张图片上加上色块和文字，就可以充当一个不错的封面了。

图 20　加色块

（3）直接写上你要表达的主题的文字，如果图片素材颜色比较深，不需要做任何处理，可以直接在合适的位置写上你要表达的文字主题，让整体页面看起来平衡即可。

图21　写上表达的主题的文字

2. 分屏

搞定图片排版，最简单也是最直接的方法就是采用分屏式的布局。什么是分屏呢？其实就是将页面分块，可以一边放图另一边放字。这种版式对图片和文字的要求都不高，字多字少无所谓，对图片清晰度的要求也相对较低。

（1）左右式

即左右两边分别放图和文字。把图片缩放或剪裁成页面的一半大小，这是最保险的比例。如果你正文内容比较多，可以缩小图片的宽度，反之可以扩大，总之，五五开、四六开、三七开都可以。

图22　左右式分屏1

图23　左右式分屏2

（2）上下式。横长条图片适合这种形式。显得开阔大气，版式又能容纳较多的文字。

图24　上下式分屏

3. 添加边框和衬底

图片排版总觉得单调？给图片加框也是一个很好的解决思路。比如在图片外围加一个和文字颜色一样的线框。

图25　加边框

当然边框和衬底的样式有很多，还可以在图片底下加上和图片相同大小的纯色形状，并和图片有一些错位，会使得整个画面更活泼。

图 26　加衬底

添加边框和衬底的方法可以很好地使图片和背景及其他元素融合，避免图片在 PPT 中太过突兀，也使整个画面更精致。

4. 使用形状

除了添加边框外，还可以选择给图片换个形状。图片为什么一定要方方正正？我们可以把图片的"容器"换成圆形。圆形在各种风格的页面中表现力都非常不错。

图 27　使用形状

当然你也可以换成其他形状，你可以使用"图片格式—剪裁—剪裁为形状"，选择合适的形状。

三、多文字排版

这个世界上有两大难题：一是老妈跟老婆掉水里先救谁，二是内容巨多的 PPT 该怎么排版。

当然，第一个问题你就不用操心了，因为你可能还没有老婆。但是第二个问题我相信很多人都还在为之头痛……

多文字排版经常出现的问题有：

版式混乱：版面的留白不够，连基本的对齐都做不到。

重点文字信息的强调手法错误：标题不突出，或是颜色搭配不协调。

文字的层级关系不清晰和主体不明确：主标题和副标题，标题和内文，内文的文字组之间的行间距和字间距不和谐。

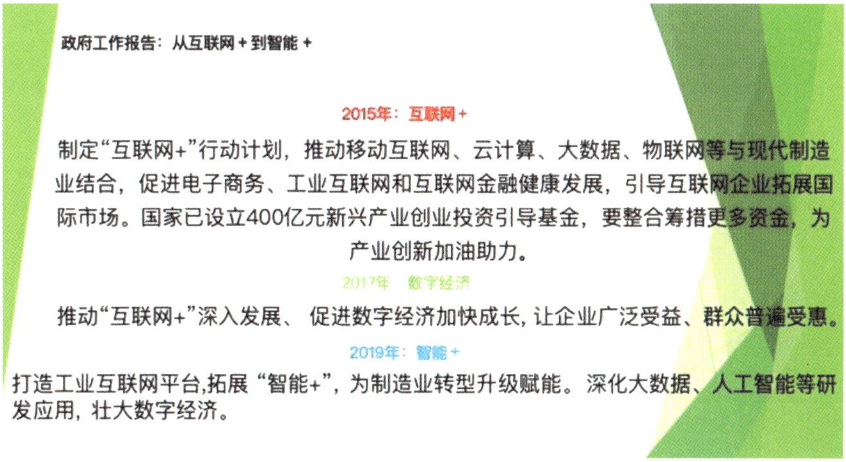

图 28　常出现的问题

如果你这样做 PPT 演讲，听众死的心都有了。该怎么办呢？

你需要先整理元素、提取标题。

政府工作报告: 从互联网+到智能+

2015年：互联网+
制定"互联网+"行动计划，推动移动互联网、云计算、大数据、物联网等与现代制造业结合，促进电子商务、工业互联网和互联网金融健康发展。

2017年：数字经济
推动"互联网+"深入发展、促进数字经济加快成长，让企业广泛受益、群众普遍受惠。整合筹措更多资金，为产业创新加油助力。

2019年：智能+
打造工业互联网平台，拓展"智能+"，为制造业转型升级赋能。深化大数据、人工智能等研发应用，壮大数字经济。

图 29　整理元素，提取标题

当我们拿到一页 PPT 以后，要先分析元素之间的相关性，然后按照"男的站一边，女的站一边（不男不女站中间）"的原则，把相关的元素放到一起，让不相关的元素互相远离。

提取标题并加粗。这么多的文字，如果要是将其标题提取出来，然后再做一下标题和正文的对比，是不是看起来顺眼一点。最起码不密密麻麻了，但是还很单调。

别慌，现在就来教大家几招，怎么让文字多的 PPT 也能高规格。

1. 文字加色

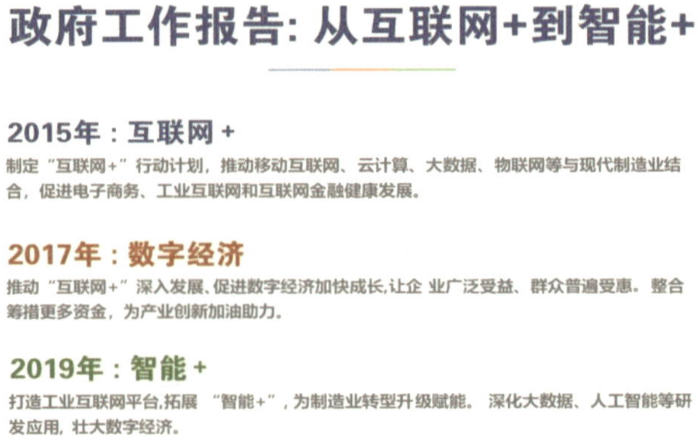

政府工作报告: 从互联网+到智能+

2015年：互联网+
制定"互联网+"行动计划，推动移动互联网、云计算、大数据、物联网等与现代制造业结合，促进电子商务、工业互联网和互联网金融健康发展。

2017年：数字经济
推动"互联网+"深入发展、促进数字经济加快成长，让企 业广泛受益、群众普遍受惠。整合筹措更多资金，为产业创新加油助力。

2019年：智能+
打造工业互联网平台,拓展 "智能+"，为制造业转型升级赋能。深化大数据、人工智能等研发应用，壮大数字经济。

图 30　文字加色

给标题添加颜色，注意选择饱和度比较低（也就是看起来没有那么鲜艳）的颜色，会显得比较高级。你可以把现在版面中的三种颜色，和最开始那张让人觉得不舒服的版面中的颜色对比一下。

还可以变换排版。

图31　变换排版

2. 添加色块

还可以在上面方案的基础上进一步优化。加上色块，试一下。

图32　添加色块

是不是感觉还不错,整体稳重了许多。如果不行再换一下,添加一个大色块,这也叫拦腰型排版。

政府工作报告:从互联网+到智能+

2015年:互联网+	2017年:数字经济	2019年:智能+
制定"互联网+"行动计划,推动移动互联网、云计算、大数据、物联网等与现代制造业结合,促进电子商务、工业互联网和互联网金融健康发展。	推动"互联网+"深入发展、促进数字经济加快成长,让企业广泛受益、群众普遍受惠。整合筹措更多资金,为产业创新加油助力。	打造工业互联网平台,拓展"智能+",为制造业转型升级赋能。深化大数据、人工智能等研发应用,壮大数字经济。

图 33　拦腰型排版

3. 添加数字

政府工作报告:从互联网+到智能+

01	02	03
2015年:互联网+	2017年:数字经济	2019年:智能+
制定"互联网+"行动计划,推动移动互联网、云计算、大数据、物联网等与现代制造业结合,促进电子商务、工业互联网和互联网金融健康发展。	推动"互联网+"深入发展、促进数字经济加快成长,让企业广泛受益、群众普遍受惠。整合筹措更多资金,为产业创新加油助力。	打造工业互联网平台,拓展"智能+",为制造业转型升级赋能。深化大数据、人工智能等研发应用,壮大数字经济。

图 34　添加数字

添加数字之后整体既清晰又显得很丰富。

4.使用图标

要想有更好的视觉化效果，最好的办法就是使用图标。

政府工作报告:从互联网+到智能+

2015年：互联网＋

制定"互联网+"行动计划,推动移动互联网、云计算、大数据、物联网等与现代制造业结合, 促进电子商务、工业互联网和互联网金融健康发展。

2017年：数字经济

推动"互联网+"深入发展、促进数字经济加快成长,让企业广泛受益、群众普遍受惠。整合筹措更多资金, 为产业创新加油助力。

2019年：智能＋

打造工业互联网平台,拓展"智能+",为制造业转型升级赋能。深化大数据、人工智能等研发应用, 壮大数字经济。

图 35　使用图标

还可以同时添加色块。

政府工作报告:从互联网+到智能+

2015年：互联网＋

制定"互联网+"行动计划,推动移动互联网、云计算、大数据、物联网等与现代制造业结合, 促进电子商务、工业互联网和互联网金融健康发展。

2017年：数字经济

推动"互联网+"深入发展、促进数字经济加快成长,让企业广泛受益、群众普遍受惠。整合筹措更多资金, 为产业创新加油助力。

2019年：智能＋

打造工业互联网平台,拓展"智能+",为制造业转型升级赋能。深化大数据、人工智能等研发应用, 壮大数字经济。

图 36　添加色块

或者直接将色块全部铺底。

图 37　将色块全部铺底

四、多图片排版

图片这东西，它跟女朋友其实是一样的，数量越多，就越麻烦，因为PPT中图片数量太多的话，排版起来就很令人头秃，一不小心就容易做出跟你房间一样乱的版面。接下来就教大家如何处理好图片太多的问题。

1. 统一形状

将页面中的图片的大小、形状进行统一处理。这在一定程度上能够带给人整齐划一的感觉。步骤之前讲过："图片格式—剪裁—剪裁为形状"。

图 38　统一形状

2. 使用 "win8" 风格

相信大家都知道 win8 系统的开始菜单长啥样:

图 39　win8 系统的开始菜单

其实我们在排版 PPT 时,也可以用这种方块贴一样的版式,将多张图片排版在一起,做出这样的效果:

图 40　"win8" 风格

使用这种 win8 风格来排版图片，最大的好处就是：排版时，你可以无视图片的尺寸。无论图片的尺寸统不统一，你都可以用 win8 风格来将他们有机组合。

图 41　图片尺寸统一

图 42　图片尺寸不统一

当页面中图片的数量有多有少，而图片的形状也大小不一时，我们还可以通过纯色色块辅助的方法，让 PPT 看起来更为美观。

▎互联网下半场七大关键词

图 43　纯色色块辅助

3. 使用特殊形状

给图片换个特殊的形状，你就可以做出下面这些版面：

图 44　使用特殊形状 1

图 45　使用特殊形状 2

图 46　使用特殊形状 3

怎么像图 44、图 45、图 46 那样，改变图片的形状呢？其实，PPT 本身就自带这些形状，你可以把这些形状当成"容器"来使用，把图片放进这些形状里就可以了。具体怎么用？

（1）先插入一个形状，然后复制多个出来，排好版；

（2）右击形状，点击设置形状格式—填充—图片或纹理填充—文件—选择一张电脑上的图片—打开，此时你就能把图片填充到形状里去了；

（3）重复以上步骤，把图片一一填充到形状里去，搞定。

另外还需要注意的是，最好将页面中的图片颜色变为统一色调。颜色是一页 PPT 中重要的符号，有时页面中图片过多时，免不了看起来五光十色、没有着力点。而统一颜色便是解决这个问题最好的方式。

步骤是：全选图片—图片格式—颜色—重新着色。

图 47　调色前

我们进入新式摩登时代

We've Entered The New Modern Age

图48 调色后

五、PPT内容

前文我们已经讲过了PPT页面排版的问题，接下来就要讲讲如何设计文字内容了。同样的内容，到了高手手里，会变得趣味盎然，而在手残党手里，则索然无味。

一般来说，我们的PPT可以分为阅读型PPT和演讲型PPT。

当我们的PPT是阅读型时，我们的文案就不可过于精简。

当我们的PPT是演讲型时，PPT就变成了演讲时的一种辅助，而不是提词器。演讲时，重要的是你，不是PPT。文案的凝练，反而更可以凝聚大家的注意力，让大家对演讲要点印象深刻。

因此，在演讲时，我们要先明确的一个原则就是：不要把你要讲的所有内容都写在PPT上。演讲PPT上的文字内容，应该达到以下几个目的：

重复强调重点，起到提纲挈领的作用；要强调难点，把不容易理解的，容易混淆的，以及相对冷僻的内容写出来，便于观众消化吸收；最后，也是最重要的，PPT上的内容要能勾起观众的兴趣，让他们对你接下来的演讲充满好奇。

一页PPT上的文字内容，通常应该分为"标题—正文"两级结构，或者是"标题—小标题—正文"三级结构，也可能像我在讲PPT 设计的"高桥流"里举的一些例子那样，一页PPT上只有一句话。

如果你不能把要说的话归纳到三级或三级以内，那么就应该分成两页PPT来表达。

一页PPT上最引人注目的也是最重要的就是标题。接下来我们就来讲讲如何让你的标题既有内容又能吸引眼球。

1. 断言法

在生活中，我们有可能会喜欢这样的人：说话的时候态度比较中立，比较谦和，时常给你一些"大概""也许""感觉""似乎"这种语义模糊的字句，或是"都好""还行""都不错"这类中性的评价性词语。这样的人往往比较具有亲和力，在工作和生活中也比较容易沟通和协调，但放在演讲中会是另外一种截然相反的状况。

举个例子：

假如现在有两个选择摆在你的面前，每个选择都有利弊，其实不管选哪个都有理由，于是你没有办法立刻下决断，想要找自己的领导商量一下对策，这个时候，以下哪个领导给你的态度，让你觉得他更值得信赖呢：其一，表现得和你一样犹豫，反复权衡利弊；其二，立马作出决断，并告诉你他的理由和依据。我想大部分人会更为信赖后者吧。

演讲也是同样的道理，在演讲的过程中，你就是意见领袖，因此一定要坚信自己所说的话，而不能模棱两可言语暧昧。不要使用"之类的""基本上""听说"这种词语；也不要使用"我感觉……""或许……""……吧"这种句式，更不要给出"不错""还行""一般"这种评价——一定要有态度，有观点，并且断言。

生活中的沟通和演讲中的沟通是完全不同的两种情况——在生活中，我们喜欢说话留有余地，在彼此发表观点的时候，我们也希望能够和谐讨论，因为只有这样才有可能孕育出新的想法，也能达到交流的目的。但在正式的会议、发布会、商业谈判等演讲的场合，只有果断断言，才能让自己的语言更加有力量，断言是一种立场，是一种态度，更是代表了你能够对自己发表的言论承担责任的实力。

比如，在讲 5G 时，我的 PPT 里有一页的内容是："中国 5G 是全球第一。"如果我把这句话换成"中国 5G 很强"，力量感就弱了很多。

当然，断言的前提是，你做了很多功课后得到一个结论，而不是随便张口乱说。另外，在断言之后还需要告诉别人你的依据是什么。否则就算你作出了断言，要是说不出什么依据的话，说服力也会大大降低。比如在我断言"中国 5G 是全球第一"后，就给出了七点理由。

图 49　为什么中国 5G 是全球第一

不过，也不是说你一定要拿出多么严谨的证据，来证明它 100% 正确，才能用断言法，只要你的这套理论能有一些依据，自己能说得通就行。

2. 提问法

有些话，用叙述句说出来就显得平常，而用疑问句或反问句则能引人注意。提出一个问题，引发观众的思索，是获得观众注意力最简单的方式。

"这个问题有点意思，听听他怎么回答。"当观众这么想的时候，他就已经上了你的套儿。当然提问题也要有技巧。

（1）设置一个震撼人心的问题

效果最显著的就是设置一个震撼对方心灵的问题。比如我在"智能时代"这个主题的演讲中，就有一页的问题是：今天，你过时了吗？

本来观众可能还觉得这个主题和他没啥关系，想听不想听的，当我问出这个问题，他心里就在打鼓了：不了解人工智能，我就过时了？不行，我得好好听听。

（2）设置一个语气亲密的问题

在提问的时候使用一种非常亲密的语气拉近双方关系，也不失为一个好办法。这个办法的关键之处就在于要让对方不自觉地点头称是。如果这个问题能让对方下意识地给出肯定回答，就会让人感觉到"这部分内容简直是为我量身打造的啊"。这样一来，观众自然会仔细听接下来的内容。

比如，你发布一款续航能力特别好的手机，这时候你可以平淡无奇地写一个标题：XXX手机续航能力介绍。或者你可以提出一个问题：你的手机电量是不是总是不够用？

这个问题，越是对方的痛点，效果就越显著。在你写PPT的时候，也试着加入这样一个语气亲密、让人忍不住在心底连连点头的问题吧。如果能用这种方法提起对方的兴趣，后面的内容就不愁没人听了。

（3）设置一个猜谜式问题

还有一种方法就是通过猜谜式的问题来吸引观众的注意。比如，我在"创业高危"这个主题演讲中，就会问大家一个问题："投资分两种，投赛道和投选手，业绩最好的是哪种？"

图50　猜谜式问题

这时候大家就开始思考开始猜了，整个演讲的氛围也活跃起来了。最后我再给大家揭晓答案："业绩最好的是那个运气最好的。"

如果在讲这块内容的时候我直接说，"投资主要还是要靠运气"，对观众就毫无吸引力了。而设置一个猜谜，既吸引了大家的注意力，还让大家听到答案后，轻松一乐。

再比如，我在作"短视频——内容创业与商业变现"这个主题演讲的时候，用了同样的套路，问大家内容为王还是渠道为王，大家各抒己见和我互动后，我再给出答案：内容是王，渠道是王后。

图51　内容为王还是渠道为王

3. 比喻法

如果你要表达的内容不够特别，那就用一个惊人的比喻将它呈现出来吧！比喻像是"化妆＋修图"，一下子就能让你原本要说的话变得亲妈都认不出。

严格来说，比喻也有很多种，但大体上可以分为"明喻"和"暗喻"两类。所谓明喻，就是"能让人一眼就看出来是比喻的比喻"。具体来说就是带有"好像××""仿佛××""好似××"之类的话。

比如"创业高危"这个主题演讲中，就有一句话是："像小时候玩耍一样的心态去创业"，这就要比我告诉你"创业时心态放轻松"生动形象多了。

图52　比喻法

隐喻又被称为暗喻，是指不让人看出来这是个比喻的比喻。

当今社会，女性就算能力再出众，再怎么努力，也很难成为领导人。而有一个暗喻就是形容这种"看不见的阻碍"的——玻璃天花板（glass ceiling）。

这是美国从20世纪80年代开始使用的一句话。因为希拉里·克林顿经常在演讲中提到，逐渐变得众所周知。2016年7月，成为民主党总统候选人的希拉里在当选演讲中说道："我的当选意味着'玻璃天花板'出现了史上最大的裂缝。"

◆ 弱关系的重要性

我们中国人非常喜欢谈人脉，说关系。

去书店转一圈，你就会发现，琳琅满目的书架上布满了关于人脉的书籍。比如：《六度人脉》《中国式饭局人脉学》《人脉是设计出来的》等等。好像所有社会现象也都在不断地印证一条现代谚语：社会关系就是生产力。

我们一边嘴上说着"关系很重要"，一边又被一些"有志青年"嗤之以鼻。

也许在很多人眼中建立有价值人脉的关键是寻求一种比较亲密的关系，比如"一起同过窗，一起扛过枪"，而那些换了名片、加了微信、只说过几句话、并不会在你缺钱的时候借钱给你、看似虚无缥缈的人脉就没有价值。但真是这样吗？

在美国波士顿，有两个社区。一个是意大利人社区，强连接特别多，你请我吃饭，我去你家玩，很有人情味，最后，一个个小圈子便建立了。

德国社区呢，大家相敬如宾，各不侵犯，君子之交淡如水，只在各种音乐会、体育团、家长会时相见，以弱连接为主。

所以，后者形成了一整片连在一起的弱连接网络，而意大利社区形成了好多孤岛状的断点网络。

有一天，政府官员决定，要做都市更新，两个社区都要被拆。

意大利社区群情激愤，各种反抗，反种抗议，甚至组成敢死队，去阻止拆迁工人，最后还是被拆了。

德国社区里的居民，则平静很多。

他们组成志愿性团体，动员了各种关系，有人去找媒体，有人去市政府游说，有的人刚好认识市长，就想办法直接陈情，最后，德国社区没拆。

前者是使用自己的力量。后者是扩散自己的力量，由 1 变成 10，由 10 变成 100，就有了足够的力量反抗。

所以，如果只有强连接，社会网络就会被独立成众多的孤岛，可以被各个击破。而弱连接首尾相连，形成一张大网，可以协力做不同功能的整体系统。

"弱关系"虽然不如"强关系"那样坚固，却有着低成本和高效能的传播效率，可以提供路径、获得信息、占得先机、推荐和控制利益。所以在事业上、在职场中，大量的弱关系要比少量的强关系有用得多。

20 世纪 70 年代，斯坦福大学社会学教授马克·格兰诺维特做了一项研究。他从 282 名志愿者中随机选取 100 人做面对面访问。他发现，通过正式渠道拿到工作的人不足一半，另外 54 人是通过个人关系找到工作的（考虑到中国文化的影响，这一比例在中国可能还会被放大）。

而这并不是最有意思的点。真正有意思的不是关系，而是靠什么关系。格兰诺维特发现：真正"有用"的关系不是亲朋和这种经常见面的"强关系"，而是"弱关系"。

数据显示：这 54 人中仅有 9 人是靠经常能见到的这种"强关系"，而剩下的 45 人用到的关系人每年见不到几次面，更令人震惊的是 54 人中有 15 人，一年也见不到一次面。

这与我们的常识恰恰相反。也就是说，最终帮助我们解决工作的人，可能恰恰是那些我们平常不怎么交往的人，可能恰恰就是躺在你微信通讯录里面从来不联系的人。

仔细想想，这一现象并不难解释：整天和你在一起的人也可能本身就不愿帮助你，尤其在重大问题上，他们会考虑道德风险。而这些人可能干的事情又和你差不多，眼界和格局自然和你也比较相近。如果你都不知道有这么一个工作，他们又有多大的可能性知道呢？

也就是说，弱联系理论的关键不在于"人脉"，而在于信息的传递。

所以，在你精心打造自己的人设后，不仅仅要影响到自己身边的人，还要试着通过弱关系，让它发挥最大的效用。

这时候可能有人有疑问了，我哪有那么多时间去和别人社交，建立那么多弱关系啊？

2010 年《科学》杂志上发表了一篇论文。研究人员把2005 年 8 月整个英国几乎所有的电话通讯理论拿过来，构成一个可见的社交网络。

同时再比对英国的"穷富区地图"，结果非常明显，越是富裕的小区，其住户交往的"多样性"越是明显。而且更有意思的是，越是富有就越是容易和社会不同阶层的人交往。

富人哪儿来那么多精力和不同阶层去打交道？事实上，通话时间显示，富人的通话次数多，而单次通话时间很短；穷人恰恰相反：通话次数少，单次通话时间却较长。

我们大概可以得出这样一个结论：越是富有的人，弱关系交往越多；越是穷人，越只在强关系圈子里打转。

我们很难说清楚是因为富有才有更多的弱关系，还是因为有更多的弱关系所以才富有。但显而易见的是，成天只和自己的亲戚朋友同学打交道，你接触新的信息和各行各业优秀的人的概率，一定大大小于那些经常和陌生人打交道的人。正如我们前文所说，弱关系理论的本质，不是人脉，而是信息的传递。

现在你再想想看，你和英国穷人区的做法是不是一样：和某几个人单次聊天时间过长，而和大部分人又没有任何的联系？也就是说你是不是花大部分精力建立强关系，而忽视了弱关系呢？

你天天和你那几个哥们儿喝酒K歌，天天和对象煲几小时电话粥，天天聊着些家长里短……你活在自己的小圈子里，觉得自己的世界充满真情充满爱，哦，确实是这样，不过有很多很多机会也在和你say拜拜。

我们来看看互联网行业的大佬们都是怎么运用弱关系的。

一、黄峥

说起段永平，很多人都不知道，但如果说起小霸王，一定会勾起"80后"一代的记忆——段永平在30岁创立小霸王品牌，5年内将亏损200万元的小厂做成年产值10亿的电子公司；34岁，他创立步步高集团，如今其旗下还孵化了当今中国手机市场最赚钱的两个品牌：OPPO和vivo。当然，他的传奇远不止如此，用28个月时间就身家800亿奇迹的"拼多多"也与段永平有着脱离不开的关系。

2002年的一个下午，一位名叫黄峥的同学坐在宿舍里百无聊赖。这位黄峥同学在大学读计算机系，平时爱在网上写一些关于计算机的文章。这时，丁磊（那个时候已经是网易的创始人）看到了黄峥的文章，并且在网上请教黄峥解决一些技术上的问题，事后又出于对黄峥的欣赏和感谢把他引见给了段永平。

几年后，黄峥在全球排名第8的威斯康星大学麦迪逊分校就读硕士，他与段永平也迎来了人生中的初次见面，两人一见如故。后来硕士毕业，黄峥又就职业生涯规划的问题向段永平咨询。段永平建议他选择当时尚未上市的谷歌，而非如日中天的微软。之后段永平以62万美元的价格拍下股神巴菲特的午餐，他还带去了一位年仅 26 岁的年轻人，这个人就是黄峥。

黄峥因为谷歌上市而拥有了百万身家，后又创立"拼多多"占股 50.7%。可见，一个人事业的成功，离不开一段弱关系中的契机。可以说，MSN 上的一个好友申请，奠定了黄峥之后所有的人生道路。

二、马云

说起运用弱关系的大师，一个绕不过去的人就是阿里的马云——在马云创立阿里巴巴之前以及在创立的过程中遇到了两位贵人：Ken Morley 和蔡崇信。

Ken Morley 是马云十几岁的时候在街头搭讪认识的外国友人，绝对的弱关系，但这位友人几乎改变了他的整个人生——在上学期间，他资助马云；在结婚的时候，他帮马云买房子；而在 1985 年，也是对马云的人生改变最为关键的一年，因为他的帮助，马云得以去澳洲旅游，他的世界观、思考方式由此被影响，发生了巨大的转变。多年之后，马云再度回忆在纽卡斯尔的 29 天，依然说这段旅程改变了他的人生，使他变成了另外一个人。

而放弃了 580 万年薪，来马云这里拿 500 元月薪的蔡崇信是阿里的另外一位贵人。1999 年，一位做 IT 的朋友找蔡崇信帮忙，说要把公司卖给别人，也就是马云，请精通财务和法务的蔡崇信帮忙处理。本来是一段弱关系，不知被马云施了什么魔法——蔡崇信成为了阿里功不可没的元老。

三、胡玮炜

摩拜创始人胡玮炜原本是一位记者，在众多"80 后"记者中，她的特别之处在于，她在采访一个人之后，能维持与被采访者之间的弱关系。

胡玮炜在摩拜之前做过一个叫GeekCar的沙龙，场地在四合院里，嘉宾均是汽车行业的工程师、科学家、爱好者、从业者。后来解决了摩拜设计和技术难题的王超，就是这些人中的一个。

胡玮炜做摩拜的时候，天使投资人是李斌，我想他之所以选择胡玮炜，有一部分原因就是胡玮炜聚拢弱关系的能力，因为这是组建团队正式创业必不可少的能力之一。

没有结识弱关系的渠道，就自己寻找。没有聚拢弱关系的平台，就自己搭建。弱关系无处不在，就看你有没有运用的意识。弱关系是如此重要，每个人都必须刻意经营。

如果只依靠自然积累，那么由于马太效应，先天不足的人难于奋起直追；而好学校、大公司的人也可能坐吃山空。因此，在自然积累之外，人人都应该自觉地主动积累。

日常囤积人脉只需利用某些互联网工具，尤其是优质的职场社交网络平台，轻松获得触达海量人脉的信息渠道，却并不打扰他们，更不会侵犯他们的隐私，甚至无须让他知道你已有了可以向他喊话的信息渠道。同样，没正事的时候别去找人，但这个前提并不妨碍我们没事囤人，未雨绸缪。

◆ **如何开拓弱关系**

如何开拓弱关系呢？方法很多，关键是你愿意放开自己，付诸实践。在网络上，你是不是习惯于当一个看客，而不去留言点赞？在微信群里，你是不是只喜欢抢红包，而从来不发红包？朋友拉你去参加一个饭局，你想着晚上还有新更的剧集没看就懒得去？在微博上，你是不是万年潜水，从不发声？校友的聚会，你是不是厌恶和陌生人交往，一推再推？读书会，是不是听都没听说过，更别说自己组建？

如果是的话，那你就是把自己限定在一个狭窄的圈子里，自我制造了一个关系围城，屏蔽了价值无限的弱关系。

弱关系存在于校友聚会、读书会、行业协会、歌迷会、网友聚会、教堂、寺庙、微博、微信、朋友圈、知乎、豆瓣、抖音、郊游、K 歌，一切能接触到陌生人的地方。只要用心开拓，弱关系无处不在。

关于开拓弱关系，给大家总结两大技巧：

一、运用互联网工具

除了我们天天用的社交工具微信外，还可以到脉脉、领英、BBS、知乎、豆瓣、简书、36 氪、果壳网、读书和学习类网站评论区、公众号和交流群去积累弱关系。

如何通过微信来积累弱关系呢？我们往往会参加一些活动，或者在一些群里，看到想要建立弱关系的人，这时候我们要把他们加为好友。当然你加是你的事，人家通不通过就是人家的事，而我们要做的就是，运用一些方法，来让加好友的通过率更高。

我的微信常年保持 5000 好友。同时，几乎每天都有人通过各种渠道找到我，希望成为好友。但大部分好友申请，都被我直接忽略了。主要原因有两点：

首先，我的通讯录满额了，真加不上，除非先删除一个人；其次，他的自我介绍很模糊，没法给我一个一定要通过他的理由。

其实，第二点才是根本原因。我来和你分享几种自我介绍的小技巧，快速提高你的好友通过率。

1. 用"第一"背书

社交媒体时代，真正有能力的人，都是社交过载的。如果你想提升人脉拓展效率，就必须先证明自己的独特价值。

如何证明？

（1）你是谁？

（2）有何不同？

(3) 何以见得?

如果你能清晰回答出这 3 个问题,就可以证明你的独特价值。

其中,最直接的做法,就是证明你或你的团队是所在领域的第一,哪怕这个领域很细分,也没有关系。比如:

北京本地生活类新媒体第一名;

创办上海第一家互联网茶室。

2. 抱"名人"大腿

如果你曾经为名人或者名企服务过,最好可以在自我介绍中清晰说出,比如:

孙俪的私人健身教练;

王菲的健康顾问;

张靓颖的私人英语老师。

也许有人会觉得这种个人经历门槛很高,不实用。别急,换个角度表达,也有说服力,比如:我们公司曾连续 3 年为阿里巴巴提供猎头招聘服务。如果还觉得难,也可以这样:过去 3 个月,深度分析了 BAT 的 100 篇报道。

总之,不管你怎么表达,都得有价值。

3. 列举个人成就

清晰地列出个人成就,是证明价值的不二途径。

这里需要注意的是相对于文字,人天生对数字更敏感。把数字加入到自我介绍中,尤其涉及核心优势的数字,能更有效地突出个人价值,加深印象。

比如,某职业讲师的自我介绍:

(1)"90 后"销售职业讲师;

(2) 曾在 1 周内为两家世界 500 强公司授课。

4. 直接表明可提供的帮助

前4种技巧都在强调一件事：证明自己的独特价值。

既然如此，也可以直接和别人表明：你能为别人提供什么价值，对别人有什么好处，这样更容易给人留下真诚热情的印象。

比如，你公司的主要业务，是帮助编剧找到合适的投资，你可以在群里这样介绍自己：

> 创业前，我有10年以上职业编剧从业背景，熟悉相关行业，以独立或团体合作的形式完成了30多部电影或电视剧剧本项目。真心希望以我的专业知识和职业经验，帮助业界的编剧搭建一个剧本的平台，能够让好的剧本都找到合适的投资。各位编剧朋友们，如果有兴趣可以和我聊一聊，看能否促成合作的机会。

这样的对话，不仅将数据、业务特点以及业务内容交代得十分清楚，而且用了"机会""帮助"这些字眼，提升了客户的好感度。

5. 赞美

如果你要加的是一位名人，可以说：我看过您的×××书／文章，受益匪浅，就××问题想与您探讨。或者是：我关注您微博3年了，是您的铁粉，希望有幸能加您微信，并和您提几点小建议。

如果你加的是某个产品的负责人，可以这么说：我试用了贵公司产品，非常喜欢，希望能和您建立联系，需要的话可以和您随时反馈使用体验。

没有一个人会讨厌别人真诚的赞美，尤其是对方如果还能提出建议让我变得更好，那我一定不会拒绝。

以上，就是微信加好友时自我介绍的5种话术，相信你掌握后，再来加目标人群的微信，成功率会高至少一倍。

在其他的互联网建立弱关系的工具中，我们重点来说说脉脉，它是囤积人脉的一大利器。

脉脉对自己的产品定位很清晰：是一款职场社交软件，使用户在这里拓展人脉圈子、塑造职业形象；洞察职业万象、探索职场内幕；基于人脉关系相互介绍工作；找人脉、办事情。

使用脉脉时我们应当允许脉脉读取手机通讯录中的号码，这些被读取的联系人便成了我们在脉脉平台上的一度人脉；根据一些复杂的规则，后台算法会把他们的一度人脉设置为我们的二度人脉，再把这些二度人脉的一度人脉，设置为我们的三度人脉。这样，基于我们一、二、三度人脉的小小人脉圈国土，就简单建立起来了。

许多人成为我们的二度或三度人脉时，他们本人并不知道，也就是说没有受到打扰。而二、三度人脉，才是我们人脉网络中的大部分个体。这就大体上达到了我们在没正事儿的时候，只囤人、不找人、不打扰他人的标准。

二、找到人脉王

以上交代的是一些在线上囤积人脉的方法，当然，仅仅靠线上交流是远远不够的，一些大型的会议或线下团体活动，是必须抓住的结交人脉的有效途径。那么，在这些场合下，哪些人是我们应该主动去发展的人脉目标呢？

纵观历史，我们会发现，中国传统社会的人际网络构成中，多由宗族、姻亲、主仆、君臣等基本构架组成。发展到现代社会，相较于过去固化的人际网络，人际关系变得更为多元，有了因各种利益、兴趣、话题和相关活动结合而成的小圈子。

然而，不论是过去固化的人际网络还是如今丰富多元化的人际关系，如同铁路交通总有大的运输节点和枢纽站，人脉关系中，也有这样的存在——一个普通的人脉节点，仅仅连接着少部分的人脉资源，而这些人脉的大节点就如同交通的枢纽站，联系着无比丰富的人脉，要学会找到这种大节点的代表人，并借助线下的机会与他们建立起深度的人脉连接。

这些大节点的代表人物有些是业界专家，有些是高校讲师，有些是企业大牛，甚至也有一些是热爱跨界的普通人或是学校里同乡会或学生会里面的学长学姐。所有大节点的代表人物，都有一个共同点，就是他们性格热情外向，组织能力强，常常是一个团体里的意见领袖，具有很强的人脉汇聚能力、组织调动能力。

如果能够和这些人搞好关系，可以省去你平时一个一个累积人脉所耗费的巨大精力，他们就如同交通的枢纽站一样，你想到哪里就通往哪里。

总结一下，这里我给大家分析了弱关系的重要性，又告诉了大家建立弱关系的两个要点，即"利用互联网工具"和"找到人脉网"。

希望大家学完这部分内容，别再单纯地以为有了硬实力（比如专业技能）后人脉自然水到渠成（除非你的实力是能拿诺贝尔奖的那种）。

构建弱关系本身也是一种能力。而有实力的人可能因为性格、习惯等原因，与外界接触很少，失去放大效果的机会。

再来复盘一下黄峥的案例，黄峥能获得巨大的成功，离不开硬实力，也就是他的计算机技术，所以我们在前文就教了大家如何提高专业技能。但专业能力强的不是他一个，如果不是他在网上发文章，主动展示自己，如果不是他善于运用互联网社交工具，建立了弱关系，可能也就没有他今天的成就。

弱关系与实力是平行的，实力不一定是弱关系强的原因，与社会接触的行为习惯才是。最好的组合当然是，有实力 + 弱关系。

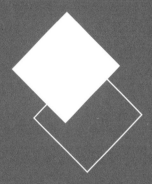

Part 3
传播——让你的人设更具能量

微信朋友圈就像一张名片。

在加新朋友的时候，你总会去浏览一下这个人的微信朋友圈，希望从朋友圈更多地去了解一个人。有些人虽然素未谋面，但他鲜活的朋友圈记录，让你心生好感。而有些人浮夸的语言或是 P 得过度的自拍却会让人感到不适。这也是微信朋友圈屡屡被人诟病的原因。

我曾经有过这样的一次经历——在一个活动上，有一个身材健壮的陌生女子，走过来跟我打招呼，并很熟络地和我聊天。我当时觉得莫名其妙，但出于礼貌，又只能客气应对，渐渐地，在我们的交谈过程中，因为交谈内容，我发现我们是在微信朋友圈已经互动好久但未曾谋面的网友。

然而在朋友圈里，她用美颜磨皮修饰着自己，用 P 图软件装点着自己，以至于现实生活中，我竟完全没有将她认出来。当时看她的微信朋友圈，我对她的印象就是她美丽婉约，温柔细腻，唯一美中不足的，就是略微有些不食人间烟火的味道。

读书会那天，她素面朝天没有化妆，发型也是干净利落，她的性格更是一个独立豪爽、外向幽默的女孩子。与微信朋友圈所展示的截然不同。

当问及她为什么要发与她风格不符的照片、说与自己日常生活里风格不一致的话，她告诉我："因为担心真实的自己不能够被别人接受，朋友圈里的东西，是自己向往的状态，自己希望通过这样的方式吸引到更多人的眼球。"

然而我告诉她："如今这个在我面前简单利落不加修饰的你，才是最最吸引人的样子。"

真实本身具备一种魅力，当你面对真实的时候，你会感受到一种无法抗拒的吸引力。

微信朋友圈的作用，应该是不断强化你的人设。

比如，我的微信朋友圈打造的就是一个热爱生活又有趣的互联网学者的形象。我平时会发一些好玩的生活日常，还有各种科技互联网圈的资讯。这和我现实中的人设是完全一致的。

你可以试着角色互换一下，把你自己当成一个微信好友，去翻翻你的朋友圈，琢磨一下：你会给自己贴上一个什么标签？一旦这个标签与你想要打造的人设有错位的话，就说明你并不会发朋友圈。

我的微信朋友圈里就有一个企业家给我印象很深刻：过去 5 年里他的朋友圈除了每天转发一些鸡汤文，几乎见不到别的内容，要不是以前认识，一点也无法让人看出来他是谁，他是做什么的。

从我这几年的观察来看，不会发微信朋友圈的人超过 80%。接下来我就来带大家优化自己的朋友圈。

◆ **微信名**

有一位小伙伴，她曾专门找我咨询过写作这方面的内容，但再往后每次想要分享资源和内容给她时，我都在微信里找不到她，直到前几天我又在朋友圈看到了她，昵称叫做"妈妈说昵称长的容易被记住"。然而很可悲，正因为这样的昵称，我彻底忘记了她。

在这个大家都很忙的时代里，我们必须学会换位思考，任何时候都要尽量给对方方便，起昵称也是同样的道理。你的昵称越复杂越个性，给别人造成的麻烦和困惑也就越多，那么机会轮不到你，也就没什么奇怪的了。

所以，你要做的第一件事：把微信改成真名（或者被强认知的昵称），不要有特殊字符，方便别人搜索记忆。没事喜欢换个名字，名字里一串奇奇怪怪的字符，小爱心啥的，都是职场大忌。互联网人微信大小号满5000人很正常，5000个人里，我能记得有你这号人就不错了，名字一变，你就是陌生人，陌生人还聊什么，信任感最重要。

"个人昵称＋工作标签"也是我们常用的取名策略，当然如果你已经有知名度较高的个人品牌了，那么还是沿用一贯的名称或者本名就可以，这就是一个金字招牌。

◆ **头像**

除了微信昵称，微信头像也是最常出现在朋友圈里的要素。

我曾经有个同事，家里人介绍了一位男友给她，只是加了微信没开始聊她就拒绝了见面。我好奇地问她怎么轻易就判断这个人不合适？

"一个用转发就会有好运的那种红鲤鱼做头像的人，我真的没有兴趣认识。"同事特别直言不讳地说。

所以，头像象征品位、印象、信任度，也是别人对你的第一印象，它就像你外出穿的衣服一样，一定要用心设置，尽可能减少社交成本。关于头像的设置我也有几个小技巧，教给大家。

一、辨识度高，清新自然

如果想让微信头像更好地展示自己，那么你需要做到：必须要清晰；图片背景尽量干净，不要太多其他元素；识别度高，要有明显的色彩对比；人物不能太小；适当裁剪，不要压缩、变形。

二、真实可靠，安全信任

网络时代一度流行的风尚是：我在网络的这头与你联络，除了ID之外，那一头的你不知道我的一切，要不然也不会出了那本畅销一时的《第一次亲密接触》。

但是如今的网络生态与二十年前迥然相异。它只是生活的一面窗口，通过它可以远观世界近览人群，吃喝住行都能在网上一键解决，你不可能用一个ID去订机票和宾馆，你得有真实信息。这是一种群体征兆，也是一个必然阶段。

以真实的头像匹配真实的内容，跨越美颜和滤镜的虚假幻象，它所换来的是信任。

但是真实也是有要求的。比如你要挂一张头像，你不能把你三十年前的头像挂出来，好汉不提当年勇。你也不能随便找张照片一挂了事，你得寻觅一下，思索一下，找出能表现"气质"的照片。

伟大的画家梵高当年画了一只鞋，那是一只走过很长的路、磨得边沿破损、陈旧不堪的鞋——它比一双新鞋的冲击力大多了。

三、突出特点，有话题性

我有一个朋友，由于皮肤比较黑，就设置了一个夸张好玩的黑色头像，不知道大家有没有看过黑人在晚上拍照，看不见脸只能看见一排白牙的照片，就是那种效果，每次加了陌生好友，都可以借着头像自黑两句，顺利破冰，避免尴尬和冷场。所以你的头像可以故意设置一些具有个人特色的话题，从头像聊起，帮助两个人第一次顺利沟通。

关于微信头像，还有个最简单的方式，就是找专业的摄影机构拍摄整套的个人职业形象照，不易出错。

◆ 朋友圈

一、内容

重点来了，微信朋友圈要发什么内容呢？其实很简单，围绕着你的人设展开就可以了。

你在发任何内容之前，问自己几个问题：这个内容能体现我的人设吗？它体现的是我人设中的哪一点？如果没有直接体现我的人设，是不是有间接促进作用呢？

比如我给自己的人设：

独特优势是：能说会写的互联网资深学者。

特质标签是：有趣、爱生活。

我会发一些很生活化的内容，关于家庭、关于美食、关于旅游、关于朋友，这会让别人觉得你是一个有血有肉的人，而不是一个冷冰冰的专家，瞬间拉近距离。

有趣的是我会写段子，以轻松的方式描述一个正在发生的场景，去展现我的工作和生活。就算你觉得我是炫耀，但是我好玩啊，你对我的忍耐度就会高。

职业性是我严肃的一面，如果只是晒旅游晒美食，那和网红有什么区别？你卖萌卖得也没人家好。区别是，我是一个互联网行业资深观察者、记录者，你可以从我这里获得价值，学到东西。我每天会在微信朋友圈发互联网行业资讯，表达我的观点。有些朋友会对我说："每天不用看新闻，看你的朋友圈就够了。"

我偶尔也会看些娱乐八卦，但我不会发朋友圈，因为我会问自己，这对于我的人设是有帮助的吗？它能体现我是一个爱生活又有趣的互联网学者吗？好像不能。那我就不会发。

像世界杯期间，我是发了很多和足球相关的内容的，好像和我的人设没关系，但它也是有间接促进作用的。这是我的爱好啊，它也是生活

181

中的一部分，一个懂生活的人，怎么能没有几个爱好呢？

但是，你要注意分配好比例。你的核心优势应该是占比最大的，对于我来说就是互联网学者。体现你职业的核心优势的应该占到 70%，体现你特性的占到 30%。

注意：你在朋友圈以及在线上其他平台体现的人设一定要和你真实生活中的一致，不能线上线下打造两种人设，这样就会出现本节一开始那个故事的尴尬了。

二、互动

有些人发微信朋友圈经常是甩一个观点出来，没了，自我欣赏，别人能回应你什么呢？都是沉默，你怎么激活。

做朋友圈要有做产品的心态，建立互动性，互动起来你的人设才能活起来，多用问句结尾，比如发表一个观点，最后加一句，你们觉得呢？别人回复了你也要给反馈，这样用户才能继续跟你互动。

三、经营微信朋友圈的最佳时段

经过反复验证，发微信朋友圈最好的时间是 7∶00—9∶00，12∶00—14∶00，20∶00—22∶00 这几个时段。如果一定要精确一个时间点，那我推荐 21 点。

四、数量

每天发 1—3 条就够了，我平时发的有点多，我也在努力克制。

总结一下，从微信名、头像到朋友圈，都应该和你的人设相符合。发朋友圈只要记住一点：发布的内容围绕自己的人设标签，别总想展现你的多面性，人们只能记住你 1—2 个特点，你要不断地强化、强化、强化。

社群 打造属于自己的

当我们建立了自己的人设后，就要持续地扩大影响，而扩大影响力，离不开铁杆粉丝的支持。

大家大概听说过凯文·凯利的 1000 个铁杆粉丝理论。它是说：

要成为一名成功的创造者，你不需要数百万粉丝。为了谋生的话，作为一名工匠、摄影师、音乐家、设计师、作家、APP 研发者、企业家或发明家……你只需要 1000 个铁杆粉丝。

铁杆粉丝被定义为购买你任何产品的粉丝。这些死忠的粉丝会开 200 英里看你唱歌；他们会买你写的书的精装本和平装本以及可听见的音频版本；他们会盲目地购买你的个人小雕像；他们还将购买你免费 YouTube 频道的"最佳"DVD；他们每月会来参加一次你组织的聚会。如果你有大约 1000 个这样的铁杆粉丝，你就可以谋生——如果你满足于谋生而不是一笔财富。

凯文·凯利也强调——1000 只是一个虚数而已，更重要的是它以简洁的语言告诉普通人——你不必成为遥不可及的超级明星，只需要有比你想象中少得多的铁杆粉丝，你就能很好地生存。

而根据我的经验，如果你想要拥有这么多的铁杆粉丝，你就要借助——社群。

◆ 从零开始搭建社群

从 0 到 1 的难度高于从 1 到 N，因为在前期得到的种子用户的质量以及从中获得的价值，是整个社群运营的关键。种子成员的寻找和维护应该与社群规则的制定同时进行，把从种子成员那里得到的经验和教训作为制定社群规则的参考，这非常重要。

社群的第一批种子用户有以下这些寻找方式：

一、真爱聚拢法

社群一开始找人时其实很难，没有人气的群是没人愿意加的。最开始的方式只能是邀请自己的朋友以及朋友的朋友，只要先进来，帮忙撑场面，有了基础的量，再慢慢通过活动、分享等吸引更多的人加入。

但是要注意，这群人不能是随便拉一些微信好友，而是要和你的群目标相关，他们也能从中得到价值的人。比较简单的方法是，生成群二维码，发在朋友圈，说明这个群的价值，大家感兴趣的加入。

因为我在行业内积累的时间比较长，所以我有一个"ML（媒体老师）亮三点"群，就只用邀请朋友这一种方法，一个微信群就爆满了，而且群成员都非常优质。

二、影响力聚拢法

一般来讲，只要有"同好"，就有建立社群的基础。在"同好"的基础上，如果能够有一个具有一定影响力的领袖振臂一呼，组建最初的社群班子就比较容易一些。比如你在你的自媒体发起社群招募，或者在朋友圈，在脉脉等等渠道。

通常来说，在某一领域拥有影响力的个人和组织，更易建立起垂直领域的社群。很多企业建立社群的尝试失败，就是因为群里没有灵魂人物。一位普通员工建立 100 个群，顶多是 100 个微社区，除非这个人真正具有影响力。

所以建立社群的最佳时期应该是：你已经完成了本书的人设定位、专业技能的提升（甚至已经成为某个细分领域的专家）并且通过写作、演讲等软技能在业内有一定的影响力。这时候建立的社群，才会更有凝聚力。

如秋叶在具备 PPT 这一硬技能后，通过论坛、博客、微博等方式积累起一定的个人影响力，再通过发起"一页纸 PPT 大赛"的方式发现高手，然后邀请他们加入 QQ 群，慢慢培养成员之间的感情。

三、线上标签筛选法

互联网上有大量可以聚集某一特征人群的场景，如通过线上一场某主题的分享吸引，如在某一人物的微博下热评的粉丝中逐个邀约，如寻找某种特定风格网站的用户……找好自己的定位，寻找这些场景，通过互动连接他们。第一批成员聚集起来或许会花一点时间，但是打好基础是非常划算的。

四、线下场景切入法

它的好处是大家在线下见过面，信任连接更强，是搭建社群常用的模式。

比如近年来在商界精英圈很流行的一项活动——戈壁徒步挑战赛，4 天 3 夜徒步穿越 108 千米的大漠戈壁。

到底是什么力量让这群最在乎时间最忙碌的人肯在百忙之中抽出 4 天的时间从五湖四海聚在一起，穿越荒无人烟的茫茫戈壁，即使是顶着中暑、骨折、休克等风险都要完成比赛？很多人像上了瘾一样，每年都要来走戈壁，我想除了戈壁，最重要的是因为有一群气味相投的人在那里等你。

戈壁徒步的参赛资格很特别，报名费必须通过众筹完成，每个参与者必须在指定的网页发起众筹，报名费 12800 元只能找身边的朋友筹，只有众筹成功，才能获得参赛资格。

走过戈壁的人都有一个亲切的昵称："戈友"。很多人为拥有"戈友"这一身份标签而倍感荣耀。十多年来包括柳传志、王石等企业家在内的几万名商业精英踏上戈壁，大家以"戈友"互称，形成了一个非常独特的新社群。

不管你是什么身份，什么背景，只要走过戈壁，彼此就会有一种本能的惺惺相惜，这是一种"同是天涯沦落人，相逢何必曾相识"的默契。

相同的爱好，相同的经历，相同的认知，尤其那些伴着风沙与伤痛，相扶相搀形成的兄弟姐妹情，即使走出戈壁后，很多戈友也念念不忘，组建戈友会，自发成立戈友基金会，参与社会公益活动。通过众筹像杠杆一样，撬动每位参与者背后几百个熟人微信朋友圈。在整个活动过程中参与者的每一次分享与转发，都在间接地影响其背后几十万甚至上百万的微信朋友圈。

这对我们有什么借鉴意义呢？首先确定目标人群，在目标人群中招募有影响力、号召力的社群合伙人，然后确定线下场景，最后链接目标人群中的 IP（意见领袖、产品达人）共同组建社群，影响更多潜在目标用户。

五、多平台内容吸引法

假定你是一个在线教育的老师，在某教育平台有你的课程。这时你去知乎、分答等平台去回答问题，输出干货内容，并且在每一篇文章下引导大家私信找你，引导方式可以是送资料等。

由于这是一种间接的导流，往往见效很慢，可能你在知乎上回答了满满一篇干货，一周都不会有人联系你。

但它的好处就在于半衰期长，成本低。只要问题不失效，你的答案就会一直在这个问题里呈现着，质量越高，排位越高，越多的人就会看到并产生转化。

我们在同一平台持续输出的内容往往会造成用户重叠，产生边际递减效应。而多平台就不会产生这一问题。并且你写一篇文的成本，远比你特地做活动或是买广告位的成本低得多。

◆ 社群的人数和质量

现在，我们知道哪里圈人了，但是有人会说，我按你说的做了，但是人还是很少啊？并且质量也不高，怎么回事呢？

以前的社群圈人模式，特别直白。往往是"加入后获得 ×××"的格式，通过福利来吸引人群。但是这个模式在当今是万万用不得的，两个原因：

一是被吸引来的人，极大可能是仅仅关心福利的人，获得福利后就立马抽身。很多企业在学校搞扫码送饮料，都是这样子，用户拿到饮料后立马取关。也就是说你付出了很大成本，最终作用却是零。

二是现在的用户胃口已经被养"刁"了。高质量的成员不会 care 你的蝇头小利，而加入的人往往质量不高，很有可能不是精准目标用户。说了这么多，我们该怎么做，记住一个办法，叫"略加门槛，福利后置"。

我们把上面句式稍稍改一下：

将"加入后获得 ×××"变为"你能／会／是 ×× 才可以加入社群，加入后你可以得到 ××"的格式。

有人会问，加了门槛岂不是更没人了？恰恰相反，这个格式的作用远比前者要大。这是因为：

对于用户来讲，有门槛意味着高质量，每个人都希望跻身于高质量的人群当中。这是你对用户的社群价值保障。有了这一层，甚至你都不需要提供其他福利，还可以倒收钱。

对于你来讲，建立社群绝不要贪多，每多一个不符合你社群价值的人，你的管理成本就上升一个档次。你只需要精准的、质量高的用户，保证你社群后续能够良好运转。

我来给大家看看我的另一个社群，也就是我的粉丝群的群规，大家就大概知道我是怎么设置门槛的。

"《刘兴亮时间》核心用户群"是刘兴亮老师和大家互动交流的社群，在这里你可以遇到互联网圈的各种大咖，更能和各界人士一起探讨有趣的热点话题。

（1）入群费用 200 元。

（2）修改群昵称，格式：姓名－公司－城市，如刘兴亮－刘兴亮时间－北京。

（3）本群主要讨论和互联网、泛科技相关的话题。

（4）群内不能发广告及链接，如有推荐的文章，需写三点推荐理由，格式：左一点、右一点、下一点。如违反规则发 100 元红包或直接踢群。

（5）为保障更好的交流氛围，每天进群名额有限（特邀嘉宾除外），如想邀请其他朋友入群，需先加群主，审核后排队入群。

另一个办法很多人没有使用过，但恰恰是最好使的招数，那就是你要用社群的交互内容去体现你的社群价值，怎么体现呢？

在公开场景去提及你的社群成员，并且展示出你们之间的良好交互。

假设你是个做培训的老师，你建立了一个付费培训群，那么你就要对外（比如发微信朋友圈）展示你的社群成员有多么优秀，或者他加入前是什么样，加入后是什么样。又或者你们之间日常的一些社群活动是如何开展的。这些内容将让用户很直观地去感受你的社群价值，并且很快产生代入感。"如果是我……那……"，这远比你苦口婆心地劝他们加入之后获得福利更有效。

◆ 如何管理社群

当社群有人了，你又将面临一个新的问题，那就是如何运营和管理？

大部分人的做法是"把人拉进来，然后让进来的人讨论问题、聊天、分享"，然后就指望着群里的人产生连接、创造价值。这就像一个导演，叫来一群演员然后对他们说：你们可以开始演了，演完叫我。

可是好电影是需要被"设计"的，要有矛盾、有主角、有转折、有情感……而好的社群，同样是被精心设计出来的。那如何设计？

一、明确使命

将许多个体放到一个框框里，只是形成了一个群体，只有当这些个体在拥有共同目标后才形成了一个真正的组织，也就是我们想要的社群。我们拉一帮人不是为了随便沟通交流，而是为了一起"改变些什么""提高些什么""获得些什么"，而这些是和你的人设相关联的。比如，我的人设是一个互联网学者、资深媒体人，我做的"ML（媒体老师）亮三点"群初衷就是能随时传达互联网资讯，并且大家能有思想的碰撞，互相提高。

二、挖掘铁粉

二八法则的适用范围很广，社群运营同样也遵循着这个法则。通过运营 20% 的核心用户，来影响 80% 的底端用户。在社群运营中最忌讳一招鲜吃遍天，群里这么多人，靠你一个人来运营，运营效率明显太低了。

"先富带动后富，最终实现共同富裕。"这句话应用到社群运营中，是这样解释的：一个社群里总有几个异常活跃的人，挖掘他们，与他们进行沟通，让他们认同你社群的理念和发展模式，培养他们成为社群中的 kol，运营好这些核心用户，之后让核心用户再引领普通用户成为核心用户，通过这种良性循环，从而打造一个成熟的社群运营机制。

正如朱元璋打天下时，身边的徐达和常遇春都是农民出身，但最后帮他夺得天下的不是后来的千军万马，而是这几个曾经不起眼的农民，为什么？

这些人，按照产品运营的角度，那就是核心用户，你需要给予他们特殊的地位，无论是群管理还是职能性角色，拉他们成为你的利益共同体。这样才能让他们尽心尽力帮你迭代社群产品，不遗余力地去帮你将社群做大。

三、设计仪式

生活的仪式感是生活这篇乐章中的节奏点；社群的仪式是对一个社群中核心目标的不断强调和固化，也是社群运营中一个极其重要的技巧。

试想一下，如果一个社群中从不举办仪式化的活动，社群中的人员也不太发言，这个群就会像一个"僵尸群"，慢慢地也会有越来越多的人选择退群；当然同理，如果一个群中，总是有成员疯狂灌水，每日闲聊，大家得到的有效信息很少，但是被打扰的次数很多，这样的群尽管热闹，但实际上也会引发很多人的反感，并且背离了社群的初衷。

举办仪式化活动能帮助社群团体的组织者，使社群的成员明白为什么要加入这个社群、自己的使命是什么、如何参与社群的激励机制并不断上升、如何完成加入社群的共同目标。

不论是线上任务（比如每天8点读书打卡）还是线下协同（每周一次读书会），都能使社群更为凝聚，更为有效率。有内容的活跃能提高社群中人员的参与积极性。

当然，在微信群里聊天也是有意义的，比如了解行业资讯，了解到群里其他成员的特征，知道哪些人可以信任，便于建立更深层的关系。但是纯粹的闲聊不能让大家力朝一处使，也就无法完成社群使命。

四、驱逐劣币

在一个社群刚起步的时候，因为人数较少，一切都在可控范围内，社群管理相对容易。但随着社群的社员人数增加，各种违反群规的现象层出不穷，广告、无意义的聊天越来越多，这时候，社群的一些老社员会逐渐察觉到人数递增带来的不良影响，开始滋生反感的情绪，主动选择出走。

因此，在把控社群人数和社群管理的尺度上，运营人员往往面临两难的抉择。社群成员的离开，归咎于劣币驱逐良币。对此只有一咬牙，杀一儆百，将劣币请出社群。

五、激励机制

通过建立社群激励机制，提升社员的主观能动性，增加社群的内容产出，使社群能够不断为群成员创造价值，健康有序地发展。

比如，群策群力，采取"众包模式"，将原本由运营人员承担的定期寻找嘉宾分享的工作，通过以激励机制的形式转交给有嘉宾资源的群友来完成。相比较局限于运营团队内部靠自身人力、时间去解决问题，成本要低得多，效率也要高。也可以鼓励群友提供优质内容进行分享。

最开始社群内容运营主要是以 PGC 为主，由社群运营人员负责内容的高效产出，主要维持内容的深度，引导社员主动进行内容产出；中后期是以社群成员的 UGC 为主，主要维持内容的广度，贡献社群的流量和参与度，促进用户使用，培养用户习惯。激励的方法可以是提供免费的学习资源，或者提供优质人脉，等等。

自
媒
体
的
力
量

◆ 自媒体的发展

网络传媒的发展速度真是一日千里，回顾一下我们爬到网上之后的
生活，在这二十来年的时间里，真正意义上的自媒体是从博客开始的。

在此之前，大家在校园 BBS 和其他论坛上短兵相接长吁短叹，很
像在大街上遇到路人与街坊的"交谈"，我们都是"路过的人"，还不能
在什么地方安营扎寨。

是博客的出现，给了大伙儿"建设自己家园"的广阔天地。那真是
一个从线下"移民"到线上的时代，所有人都忙着写博客，贴照片，关
注好友，并积极致力于被更多人关注。

文章的阅读量是衡量博客好坏的硬指标。一时间，各路英雄占山为
王，啸聚嚎叫，精英与草根同台，粉丝与大 V 互动，真个促成了互联
网的第一次全民参与的大繁荣。

在新浪博客的顶峰时期，几乎囊括了社会各行各业的大批写手，所
写的博客也是五花八门，为了进行分类管理和方便网民阅读浏览，新浪
便在博客频道的首页上设置了数十个栏目和版块。

博客频道的浏览人数一度超过了新闻频道。演员徐静蕾在新浪上的
博客仅仅开通 112 天，点击量就突破了 1000 万大关，几乎成就了"老徐"

在网上的奇迹。

博客更重要的作用还在于，它让那些日常生活中默默无闻又心怀天下的有志青年发现了扬名立万的快速通道。为数不少的人通过写博客建立了自己的网络知名度，进而影响到其社会面貌和行动模式。

我自己就是一个例子。当我的新浪博客访问量突破 1000 万大关的时候（据说是 IT 领域第一个突破千万的），看到新浪在博客频道首页大幅图片祝贺时，我还激动了好一阵子。

图 53　IT 名博刘兴亮博客点击突破 1000 万

与此同时，各大门户网站纷纷跟进，博客的菜园子渐渐多了起来。人们选择在不同的园子里放置相同的内容，以期"放大"自己的影响力。

各大博客网站也如同新浪博客一样做了各种规定动作，那时候，几乎可以认定，博客就是互联网最大的窗口。

谁也不会想到这种稳固的欣欣向荣的局面很快被打破了。从 PC 端向移动端的受众转移，无疑是苹果手机的横空出世导致的。

当手持新式智能手机的人们低着头在地铁与公交上摆弄微博时，很多沉睡着的人还在坚持"写日志"，这种惯性的力量看似强大却异常脆弱。

不知哪天起，人们发现，微博上 140 字的内容限制，是对生性懒惰的人类的一种异乎寻常的奖励。我们想要表达自己，但绝不可能像莎士比亚一样用巨制来征服观众。

或许是痴迷于微博随时随地的方便，也可能被它的即时传播能力所吸引，总之，微博的"随便说说"成为新时期的主流。

此时的博客世界已经江河日下，但还没有到奄奄一息的地步。仍然有一批人会在打开电脑后懒散地看看博客里的文章，也有一些古典时代的互联网老人在坚持写博客。

这很像那些年轻人都跑到大城市闯荡，空余个别老人驻守的偏僻村庄，虽然还有人间烟火，但是却丧失了活力与未来。

虽然，微信的出现不是针对博客这样的古董网络形式的，但我斗胆设想，是微信公众号的随后出现，成为压倒博客这头苍老骆驼的最后一根稻草。

微博限制字数的短板在微信公众号里重生，而人们拿着手机浏览网页的行为早已成为日常生活须臾不可分离的习惯。

再到后来，今日头条、百度百家、一点资讯等个性化推荐资讯平台崛起。没有任何粉丝积累的自媒体人也能有阅读量 10w+ 的好成绩。

图文形式是自媒体的基础，不管是 PC 时代的论坛、贴吧、博客，还是到移动互联网时代的微博、微信、头条，从 1998 年到 2018 年，20 年时间，图文始终没有被淘汰，反而延伸出了更多的玩法形态。

从我国进入 4G 时代，网络基础环境得到提升，短视频成为一种很好的传播形式，它符合读者的碎片化时间需求，通常一个短视频的时间控制在 1—5 分钟。在 2014—2016 年，短视频成为自媒体创业的一个风口，紧接着，随着智能手机的普及，竖版视频成为一种越来越主流的视频形式，快手、抖音等平台迅速崛起。2020 年 1 月 22 日，微信视频号宣布正式开始内测，短视频三足鼎立的局面正在形成。

很多人一直在说图文自媒体红利消失，大概是因为推送内容阅读量普遍下降，再加上国家相关部门对自媒体平台进行整顿，并出台一系列管理办法。但这只能说明自媒体行业结束了红利如潮的野蛮生长阶段，用户阅读更加有理性，未来自媒体环境更加健康有序。

不过，我们的目标不是通过自媒体成为网红，也不是为了做广告赚钱。我们是希望通过自媒体来更好地打造人设，影响到我们的目标人群。如果是为了推广引流，你要考虑的就是怎么吸引更多粉丝，软文如何写，哪个平台对广告的容忍力度大。而如果你是为了长久经营塑造个人人设，你要做的就是努力提高文章质量，让自己的特点深入人心，慢慢将自己的目标人群转化为粉丝。这都是有区别的。

所以，自媒体在不在红利期和你关系不大。对于想要通过自媒体打造人设的我们来说，自媒体平台就是工具，你通过这些平台用图文、音频、视频的形式强化你的人设。本质上，它和朋友圈是一样的。只是渠道更多，形式更丰富。

最后来说说自媒体矩阵，如果只是打造职场人设，我是不建议用自媒体矩阵的。

一、自媒体矩阵就是多平台、多形式组成的自媒体交叉布局网络

1. 多平台

如：百度、阿里、腾讯、搜狐、网易、新浪、头条、凤凰、知乎等等。

2. 多形式

如：公众号、社群、博客、微博、短视频、音频、直播等等。

二、个人不适合自媒体矩阵的原因

1. 时间有限

对于个人来说每天的工作时间是有限的，从文章的构思、撰写，到平台的发布，这是一个很费时间的过程，每天想保证多平台发布很难。

2. 内容有限

很多平台对文章的原创性要求很高，同一篇文章发布多个平台，会影响平台的推荐量、收录量等等。

所以选择 3—4 个头部平台，比如微信公众号＋视频号＋今日头条＋抖音这样的组合对于打造人设就足够了，当然如果你是像我一样以自媒体为主业，那还是多多益善。

◆ 账号定位

在开始运营自媒体前，你需要明确自己的运营目标，也就是定位。

总的来讲，明确自媒体的定位，可以从以下几方面入手：功能定位、内容定位、用户定位、调性定位。

一、功能定位

有些人写文章是为了做自媒体赚钱，有些人是为了推广引流，不同的目的，有不同的玩法，一定要事先明确自己的目的是什么。

如果你的目的是打造在某个领域的专家人设，那么有些事情就不能做，比如在自己的账号上打很 low 的广告；或是突然有感而发写个"咪蒙体"的文章；当然更不能有洗稿行为，如果被人发现了，那你一直苦苦经营的人设就会受到很大影响。

二、内容定位

内容定位和你的功能定位相关。

比如你是个产品经理，如果你的目的是想在职场上更有竞争力，那就发产品相关的知识以及自己对产品的思考，这个自媒体号就可以成为你简历的一部分。

如果是想更好地变现，发的内容就要尽量面向更多的人，可以推荐一些非常实用的产品，比如推荐超级好用的剪辑软件，做好了自然有广告找上门。

再比如，你是做美术培训的老师。如果你的账号功能定位是招生，那就讲一些绘画技巧，积累一定内容后，还可以做成知识付费产品。如果是想售卖作品，那就可以拍摄完成一幅画的过程或者讲解如何赏析艺术作品。

三、用户定位

假如你的功能定位是靠自媒体把自己打造成某个领域的专家，并且你根据综合评估，觉得自己对产品特别感兴趣，以后打算输出这方面的内容，那么接下来你就要深入了解对这一内容感兴趣的用户画像。

你可以用身份用户画像法。

选几个你觉得做得不错的产品领域的微博 KOL，用网上一些工具去分析他的粉丝是什么属性，比如年龄、地域、兴趣等等。这样你就知道，自己面对的大概是什么样的一群人，他们的身份是什么，从而确定他们会喜欢什么样的风格。

四、调性定位

有温度、有质感、小清新……这些都是调性。比如我做的《亮三点》节目，就有这么几个标签：毒舌、有趣、深度。你要根据用户画像，来为你的账号定下调性。

◆ 取个好名字

取名字在中国是一门古老的学问。一个人在复杂的社会系统中存身立命靠的是行动，但行动带来的结果是名声，这个名声会跟人的名字结合起来，让名字背负一系列"意义"，这个意义将影响到此人与他人的相互关系。

在自媒体上也一样，你要向观众传播什么信息，常常是简单粗暴最有效，拐弯抹角的方式不会让人记住。这时候千万不要使用风雅颂的文学手法，犹抱琵琶半遮面，粉黛低垂状娇羞，连误会都很难引起。

一句话，意义要明确。这时候"名字＋定位"的方法更容易凸显特征。比如：张三讲创业、李四说茶、王二麻子烧饼，让走过路过的客官远远看到你的名字不说，还知道你是干什么的，如果正好有需求，自然就会驻足询价，一来一往，多了一个熟客。

如果你的领域竞争对手太多，那定位就需要更细化，比如：张三讲白手起家创业，李四说海拔 1100 米岩茶，王二麻子千层烧饼，最好能让人感觉这方面只此一家舍此无他，几乎形成狭窄区域中的硬需求。

有人就要白手起家的秘方；有人就要海拔 1100 米的岩茶，高低就它；有人就喜欢千层烧饼，九百层就欠火候，找着你以后那还不一头扎进来。

另外，很多自媒体平台的名字都具有唯一性。这让我想起冯巩牛群的一段相声《拍卖》。牛群说冯巩是名人，把他卖了，之后冯巩就不能叫"冯巩"了，否则侵犯别人姓名权，他只能叫冯小巩、小冯巩、六小龄巩、冯小乱巩。

所以名字的所有权非常重要，绝不能等闲视之，要上升到商标注册使用权的高度去看待。在自媒体平台上，如果你的名字被别人注册了，麻烦可想而知。因此一定要尽快注册自己的名号，免得夜长梦多追悔莫及。

如果自己的名字已经被别人注册，弥补的办法无非是加一些具有决定意义的前后缀，这时候定位就显得太重要了。

◆ 短视频行业一览

在生活节奏越来越快的今天，短视频这种碎片化的资讯获取方式和社交方式越来越受到人们欢迎。特别是随着 5G 时代的到来，整个社会将进入一个无视频不欢的"新时代"。

一、短视频到底有多火

不仅年轻朋友们喜欢，我有一位朋友，他的老母亲每天都要在短视频平台刷两三个小时。

根据极光大数据分析，截至 2020 年 3 月，短视频行业已经有超出 8 亿的月活用户规模。有关机构预测，未来 5 年在线视频量将增长 14 倍，70% 的手机流量将消耗在视频上。

二、短视频为何这么火

我认为有三个原因：

草根文化引发用户共鸣，短视频成为当代人自我表达、情感宣泄的主要方式；

视听形式便于用户使用，碎片化的影像和简单的制作流程，在满足观看需求的同时也让用户变成了创作者；

用户生产内容的 UGC 取代了专业视频网站的 PGC，用户在频繁的互动参与体验中得到了"自我构建"。

三、我国短视频发展可以大致分为三个阶段

第一阶段：2013—2015 年，以秒拍、小咖秀和美拍为起点，短视频平台逐渐进入公众视野；

第二阶段：2016—2017 年，以快手、抖音为代表的短视频应用获得资本的青睐，各大互联网巨头围绕短视频领域展开争夺，电视、报纸等传统媒体也加入这场大潮；

第三阶段：2018 年至今，短视频垂直细分模式全面开启。

2020 年视频号的诞生有可能打破短视频格局。预计随着国内 5G 网络全面商用，届时在网速更快、延迟更小、资费更低的背景下，短视频将迎来新的爆发机遇。同时，AR、VR、无人机拍摄、全景技术等短视频拍摄技术的日益成熟和应用，也会给观众带来越来越好的视觉体验，进而有力地促进行业的发展。

◆ 短视频平台

短视频最初起始于土豆、优酷等网站推行的拍客短视频业务。随着移动互联网技术的成熟，以快手、抖音为代表的一大批短视频厂商迅速发展，吸引了业界的关注。2020 年微信视频号的诞生，又为火热的短视频领域添了一把柴。

我们来了解一下短视频平台都分为哪几类：以抖音、视频号为代表的社交媒体类；以西瓜为代表的资讯媒体类；以 B 站为代表的 BBS 类。

一、社交媒体类

视频号和抖音有啥不同？

1. 真实

我们先从发视频说起。

如果习惯了在抖音发视频的话，你会很不习惯在视频号发视频。抖音发视频的时候，有选配乐、特效、滤镜、变声、自动字幕等等很多很多非常丰富的功能，这些功能丰富到超出了我的想象的地步。

而你去视频号发视频的时候，就会是一脸茫然，因为你眼前的后台，是一片惨白，啥都没有。那一刻的感受，一个常年混迹抖音然后来视频号尝鲜的小姐姐跟我说是这个样子的："我的脑袋就像眼前的编辑器一样，一片空白。"

是微信的技术团队没能力做出那些花里胡哨的视频编辑功能吗？应该不是，他们招人是不差钱的。

2018 年腾讯员工大会上，张小龙冒了很多句语录，其中有一句是："大部分产品都在欺骗用户，做各种滤镜，喊口号说'记录美好生活'，但生活其实并不总是美好的。"抖音的广告语就是"记录美好生活"。

我在猜想，视频号提倡的，不是记录那种抖音式的"美好"生活，而希望记录的是一种"真实"的生活。

抖音式的美好生活，更多是演出来的，是表演式的。我在刷抖音的时候，经常能在几分钟内刷出不同人表演的同样的东西。这正是："表演的生活都是相似的，真实的生活各有各的不同！"

真实，就是视频号倡导的，这是和抖音的第一个不同点。

在崇尚美好生活的抖音里，长成我这模样还去做主播的，就很吃亏；在崇尚真实的视频号里，我就玩得很自在。

2. 知识性

先来看 UI。开通视频号之后，视频号工作人员给我发来了"视频号发布流程注意事项"，其中有一条是关于视频尺寸的建议：

```
3、图片及视频尺寸建议：
可多选：
①正方形图/视频可直发
②横版图/视频建议宽高比 16：9
③竖版图/视频建议宽高比 3：3.5
④其他图片/视频尺寸宽高比在 16：9 及 3：3.5 之间都可以发出，如果超出这两个尺寸，也
可以发，会被裁剪。
```

从视频格式就可以看出二者的不同，抖音是以 9：16 竖版为主，而视频号则拒绝了这一短视频领域的标准格式，最大可以用 3：3.5 的尺寸。

这样做也就分道扬镳了：抖音以全屏展示，强调的是一个沉浸感；视频号以瀑布流展示，是一个慢节奏。

再看看推荐机制。

抖音的推荐算法，是按照兴趣来的。比如我喜欢美女，它就不停地给我推荐美女，而且推荐的内容同质化很严重。事实上，除了美女，其实我还有很多其他兴趣，我是一个爱好广泛的有趣的人。

视频号的推荐机制，是以社交关系链为主。当你的视频被点赞评论后，就会出现在点赞者的微信好友视频号信息流里。

再晒晒我在视频号里的数据。我的视频号里点赞最高的是这一条，有将近 3000 个点赞（数据截止于 2020 年 3 月 9 日）。

给视频号亮三点

21天56条微信视频号，我有9点感受 🔗

❤ 11.4万   2895   914   492

评论(914)   • • •

图54　视频号数据

作为一名从事互联网行业 20 年的老司机，这条视频是我的老本行。这样一条偏专业性的知识类的节目，点赞近 3000 条，播放 10 万 +，评论近千条，我是很满意的。

除了这个，别的一些关于视频号的节目，数据也都不错：

图55　关于视频号的节目数据

通过数据也可以看出，在我的视频号，知识类的节目，反而比段子效果好。在抖音里，那是倒过来的。这也就是视频号所提倡的。

二者之所以 UI 有差异，视频号之所以选择瀑布流展示，之所以没有全屏显示功能，之所以没有快进键和暂停键，原因就在这里。从沉浸感来说，视频号远远不如抖音，但这个慢节奏就是视频号的初衷。

抖音的沉浸感，追求更大更快更爽，更适合娱乐化；视频号的慢节奏，崇尚更小更慢更稳，更适合知识性。

3. 生态

说到生态，总是自然而然地想到了我那个滞留美国的老乡贾跃亭。虽然按照中国成王败寇的说法，我不该总是提起他，但我要说的是，他提倡的"生态化"是很有道理的。

生态是个好东西，你没有的时候发现不了，你有了的时候，它就会自动发威，你甚至不用按下启动键，千千万万的用户都会帮你用脚就按下去了。

2019 年 1 月 5 日发生的事大家还记得吗？同一天发布了三款社交软件：多闪、马桶 MT、聊天宝。三款软件都做了卖力的推广，效果都很好，用户都聊得很嗨，意犹未尽之际，最后都是同一句话：我们加个微信吧！

抖音上也是如此，很多粉丝跟我聊到最后，也是那一句名言：我们加个微信吧！

淘宝当年能够成功，旺旺起到了很大的作用。

大家在刷视频号瀑布流的时候，会看到视频底部有"× 个朋友赞过"的提示，如果点到这个号的主页，同样会看到"× 位朋友关注"的提示。这些提示，有助于你判断是否有人看这个视频，是否关注这个视频号。

除了这些，视频号目前可以链接公众号，公众号可以链接小程序，这些做法，除了可以导流之外，还有很大的想象空间，比如带货。那是一个 11 亿用户的广阔市场，想象去吧。

视频号打出生那一天起，天然就是基于社交的内容，用户和账号之间的黏性更强。短视频带货也可以在朋友圈、社群、私聊等场景直接进行种草，信任度更高。

这就是生态的威力，也是模仿不来的。

总结一下，视频号和抖音的三点不同：真实、知识性、生态。

二、资讯媒体类

在社交媒体没有爆发以前，资讯媒体是短视频的行业风向标，也诞生了一批知名的 PGC 内容和团队，比如 papi 酱、陈翔六点半、办公室小野等。资讯媒体内容主要以时事聚合和 PGC 为主，当下西瓜视频稳居第一。

与社交媒体的 15 秒—1 分钟相比，由于资讯媒体的内容上传大多在 PC 端完成，因此，时长不太受限制，内容表达也可以更为深入，而在拍摄上，因为都是专业设备和专业后期的制作，因此在市场上周期较长，受到高频率、高密度的短视频社交媒体的冲击，也使得存留下来的用户，存在着和社交媒体多栖使用，或单纯不适应社交媒体氛围的群体性特征。

三、BBS 类

汇集了二次元、番剧粉、鬼畜等多种元素的 B 站、A 站聚集了最多的 ACG 用户，对于一些非用户群体来说这是一个不太能被理解的领域，但实际上，这里汇集着国内最年轻的一代人，是新一代文化潮流的发源地，尤其 B 站作为年轻人群体最大的 BBS，无论是弹幕、视频种类与内容、整体网站与氛围，都能与曾经的猫扑、天涯和贴吧相媲美，而人气上的比拼、群体专用语言、灌水弹幕甚至是某些事件炒作都佐证了这一点。

◆ 垂直类知识短视频

2018 年以来，短视频内容市场，有一个比较明显的变化趋势——会有更多细分垂直类的内容 IP 出现。

从需求端来说，全网的视频内容用户，依然有着巨大的对于细分垂直类内容的需求。从全网来看，相较泛娱乐内容，垂直类内容还有很大的发展空间。因此，可以引发用户实现深度思考的垂直类内容，以及一些相对严肃的知识类的垂直类内容，有可能在未来获得更强的生命力。

而如果我们想打造职场人设力，那最可行的方式是传播知识类的内容。

一、知识类短视频趋势

1. 什么是知识类短视频

知识类短视频是指以分享知识作为主要目的、以知识讲解作为主要内容、观看者能从中获得知识的短视频。

2. 助力知识传播，为什么是短视频

因为短视频形式让知识变得更易于理解，短视频制作的便捷和低门槛，激发了普通人参与创作的热情。

由清华大学新闻与传播学院、中国科学报社与字节跳动平台责任研究中心联合发布的《知识的普惠——短视频与知识传播研究报告》显示：截至 2018 年 12 月 8 日，抖音上粉丝过万的知识类创作者近 1.8 万个，累计发布超过 300 万知识类短视频，累计播放量超过 3388 亿。

与平台整体相比，万粉知识类作者所发布的视频，条均播放量和分享量都远高于整体的平均水平；人均粉丝数是平均线的两倍。

3. 知识类短视频主要分为以下六类

（1）科普类：自然科普、人文科普、健康科普、安全科普、法律科普、传统文化等。

（2）考学类：K12教育、本科教育、研究生教育等。

（3）才艺类：声乐教学、书法教学、舞蹈教学、手工教程、画画教程、摄影教程等。

（4）职场类：自我成长、职业技能、处世哲学、理财知识等。

（5）生活类：生活窍门、美食教程、健身知识、妆搭知识、养宠知识、家装常识、园艺知识等。

（6）母婴育儿类：育儿常识、早教知识、亲子教育等。

4. 知识类短视频中，用户最爱看什么

图56　万粉作者均粉丝数

图57　平均播放量

图 58 平均点赞量

《知识的普惠——短视频与知识传播研究报告》六类知识的传播数据对比：

（1）科普类内容最受欢迎，视频播放和点赞量最高，作者人均粉丝数也最高。

（2）科普类和考学类知识作者的人均粉丝数最高。

（3）母婴育儿类知识分享最高，才艺类知识分享最低，母婴育儿类知识与社会关系更紧密，才艺类知识与个人兴趣点更相关。

（4）生活类知识和才艺类知识数量最多。

5. 短视频时代，知识传播有四个主要特征

（1）知识传播的即时化：短视频往往凸显一个明晰的知识点；往往开门见山、快速切入正题，使得呈现的知识更加凝练、"轻量"和触手可及。

有限的时长和丰富的表现力，使得短视频非常适合用于展现知识最精华的部分。时间的碎片化是现代社会的普遍特征，短视频给随时随地地学习带来了可能。

（2）知识呈现的人格化：知识类大 V 正在成为新的"网红"，这个群体中，既有传道授业解惑的职业教师，也有过去很难向其他人传递个

体知识的普通人。

一方面，短视频让知识的呈现变得更加具象。另一方面，借由短视频媒介，不同背景的个体都可以参与到知识的生产与传播中。

（3）隐性知识的显性化：短视频具有直观和具象的特点，给隐性知识提供了一种显性化的表达出口。短视频以直接的讲述、具象的呈现、循序渐进的步骤，让知识变得更清晰直观。在知识类短视频中，往往都以"身"示范、"手把手"传授，营造"身临其境"的效果。

（4）复杂知识的通俗化：好的知识类短视频，能够将知识"转译"为大众语言，让知识变得更易理解。

平面知识的立体化——通过短视频"有声有色"的形式，将知识以形象、生动、立体的形式呈现给用户；抽象概念的具象化——通过短视频，可以把知识还原到产生的具体场景之中；"严肃"知识的趣味化——寓教于乐的短视频，可以让学习者在轻松有趣的氛围中收获新知识。

二、做垂直类知识短视频需要注意什么

1.用户数量有天花板

垂直细分领域的用户总量，有一个明显的特点：存在天花板。因此，在策划和孵化一个垂直类短视频内容 IP 时，一定要提前做好市场容量和用户基数的调研，预估整个市场的目标用户总量，从而可以提前制定好包括获客方式和获客成本的最佳方案。

比如，你的人设是"幽默且最懂用户心理的金融类产品经理"，其中"幽默"是你的特质，"懂用户心理的金融类产品经理"是你的独特优势。你在做垂直类短视频内容的时候，你的主题可以是：做一个有幽默感的产品经理，也可以是：作为一个产品经理如何读懂用户心理？还可以是一个更细分的领域：作为一个金融类产品经理如何读懂用户心

理？哪个内容主题最好呢？显然是第二个：作为一个产品经理如何读懂用户心理？

我们在为人设定位时，之所以要定位到一个行业，是为了让你更具辨识度、更容易脱颖而出。不过，在我们做内容的时候，我们还要考虑用户基数。而用户心理学不一定要局限在金融领域，所以，在做短视频的时候你完全可以跳出行业。什么情况下我们选第三个主题呢？就是当你发现，市面上已经有太多给产品经理讲用户心理学的内容了，这时候为了差异化，你就要细分到自己的领域。

那为什么第一个主题不行呢？因为很显然，作为一个产品经理，他不一定关注自己是否具备幽默感，但他一定想学习用户心理。

在这个例子中，幽默感这个特质虽然不适合做内容的主题，但是它可以运用到你的讲解中，谁不喜欢有趣的知识呢？它会帮助你更容易被人记住且被人喜爱。

2. 紧扣痛点

从用户需求角度，垂直类的内容，天然带有非常强的关联性。如果内容选题可以紧扣用户的各种垂直类需求和痛点，那么在全网投放和传播后，就有可能通过平台的各种分发方式触达目标用户，从而比较精准地和自己的目标用户建立一对一的关联。

3. 注重连续性

要借助各种方式让自己的内容被用户快速记忆，并产生对内容的期待感。比如日播类的垂直类内容，就是一种打造垂直类短视频内容 IP 的捷径。因为如果可以每天都和用户见面，连续持续一个月甚至一年时间，可想而知这样打造影响力的效果就非常好。不过，受制于时间精力有限，你不一定要做到日更，但尽量固定时间，固定的播出时间让大家更有仪式感。

◆ 短视频 IP 是怎么炼成的

这一节来讲讲一个短视频 IP 是怎么一步一步从无到有。

一、账号定位和起名

如果你不仅仅有短视频账号还有其他自媒体账号，建议用同样的定位，统一的名字。这部分内容我们在"账号定位"里有详细讲到。

二、写脚本

在电影和广告、视频制作中，脚本是众所周知的工具；一般来讲，影视脚本主要分为拍摄提纲、分镜头脚本以及文学脚本。影视脚本也可以概括的定义为：为了获得最佳的画面形式以及最快速地完成视频拍摄的一种重要手段。

拍知识类短视频的话就不用那么麻烦了，一般情况下，我们有一个特定的背景，可以就是一面白墙，我用的是书柜，然后对着镜头把提前准备好的内容说一遍就可以了。因为这种视频没有什么场景对话，也没有特别炫的特效，所以内容就是重中之重。

1. 在内容方面，我们要做到情、趣、用、品

（1）有情——鲜明的情怀，温度的故事，人性的欲望。

"一切众生悉有佛性"，凡本具佛性的生命就是"有情"。这是相对于"无情"来说的。有情都具有成佛的可能性，而无情却无有命根，不可能修行、成佛，也不会轮回生死。

有情，是成佛的可能性，也是视频能够有所成就的可能性。试着拿我视频号的两个系列来举例。

第一个是《早期互联网的十大翘楚》系列。

图 59 《早期互联网的十大翘楚》系列

    这个系列的播放量基本都是 10 万＋，数据很不错。这是我总结的早期互联网的十个翘楚，它们都成立于 20 世纪，属于中国互联网的早期开拓者，都曾显赫一时，但最终又都走向没落。

    这个系列的"情"，是旧情，是唤起很多老朋友记忆深处的情感，然后能激发共鸣，引发回忆杀。能炸出一些在这 10 个老牌互联网公司工作过的朋友们的回忆，或者是曾经的老用户当年的感受。

    这样的"情"，永远存在，甚至历久弥新。比如瀛海威这条，是

2020年2月17日发的，这些天几乎每天都有人跟我互动。甚至还有朋友质疑节目里为啥没说那句著名的广告词："中国人离信息高速公路还有多远？向北1500米。"

第二个是《亮父亮女》系列。

图60 《亮父亮女》系列

如果说前一个系列还符合我"互联网老司机"的人设，点赞评论播放量数据都还不错的话，这个系列对于我来说，我就是个新手，还在摸索中。之所以做这个系列，是因为我有个古灵精怪的女儿，给这段时间的隔离生活带来了很多乐趣。没想到推出去之后，反响还很不错，可能是"父女情"的情，打动了大家。

这个系列我是怎么做的呢？

其实并没有刻意瞎编，就是我们生活中自然的场景，我和女儿自然的讨论。我日常和她聊到什么好玩的事儿，就赶紧记下来，然后摆拍一次。因为小孩不像成年人，可以写命题作文。还有，我觉得越真实的东西，越能打动人。

再比如我在长视频节目——《亮三点70期："双11"还有必要继续吗？》开头的内容是：

根据我在茶余饭后考证，"双 11"是这位姓马的男子向另一位姓马的男子示爱，也可以说是阿里在向腾讯秀恩爱。2009 年阿里决定把"双 11"改造成购物狂欢节，为什么选在这一天呢？因为再往前 11 年的 1998 年 11 月 11 日诞生了腾讯。也就是说，阿里在腾讯生日这天打造了一个盛大的节日。还有什么比年复一年的秀恩爱更刻骨铭心的吗？

图 61 《亮三点 70 期："双 11"还有必要继续吗？》

将冷冰冰的营销活动，变成了一段"爱情"故事，让"双 11"有了灵魂，也就更容易打动用户往下继续看。

（2）有趣——自嘲的段子，恶搞的内幕，大众的热点。

有趣的道理不必多说，人人都懂。但我经常会被问，怎么才能创作出有趣的视频呢？

其实，有趣的生活，从不需要用诗和远方来堆砌，即使囿于一地鸡毛的生活，也能寻觅到其中的纵横生趣。有趣，不仅仅是用来感受，还要用心去捕捉。

比如我的这条《你被踢出群还不算惨，更惨的是……》，其实我们很多人都有过在群里踢别人或者被别人踢的经历，通常我们觉得被踢已经很惨了，没想到还有更惨的。我说的更惨就是，别人又重新建了个群，不带你玩了。而你，还傻傻守着原来那个群。

图62 《你被踢出群还不算惨，更惨的是……》

　　再比如，在区块链被炒得最火的那段时间，我做了一期节目《亮三点34期：正经的区块链和不正经的币圈》。里面讲到什么是区块链，我是这么说的：

　　　　假如你是一位女性，你男朋友每次跟你说一句肉麻的话或者承诺给你买东西，你都立刻录下来并且发给你和他的所有闺蜜、同学、同事，还有各种群和朋友圈，让他再也无法抵赖，这叫区块链。

图 63 《亮三点 34 期：正经的区块链和不正经的币圈》

晦涩难懂的区块链概念，用谈恋爱去解释，很容易就理解了，而且大家也容易记住，易于传播。这个例子可以说是具备了"有情""有趣"以及接下来我们要说的"有用"，这三个特点。

（3）有用——专业的技能，行业的知识，目标人群的利益。

其实对于知识类短视频来说，"有用"是最基本的，前两个特点都是在有用的基础上为它添彩。

《亮三点》的内容大部分是行业知识和观点，当然也有一部分是小技能，比如：

节目《亮三点 44 期：6 个 iPhone 的隐藏功能，超实用》中，我给大家介绍了 6 个很好用，但大家平时可能没有注意到的功能。比如说，在拍视频时，为了更好的视频质量，大家其实是可以开启高清摄像头的：

这年头大家都懒得用文字记录自己的生活了，而是改用视频，那么如何开启高清摄像头呢？点开设置—相机—录制视频，你可以选择更高清的格式，只不过越高清，它占用你的空间就越大。

图 64 《亮三点 44 期：6 个 iPhone 的隐藏功能，超实用》

（4）有品——输出高品质的内容、展示自我品位。

它和有情、有趣、有用不同，是另一个维度。

"有品"其实是对你的短视频内容的整体评价，要讲品位、讲格调的。可以通俗，但不低俗；可以大俗，但不媚俗。

要想做到高品质，除了让内容具备前面讲的三个特点，还要"精修"台词，甚至要一个字一个字地抠，这部分内容大家可以参考"修改"，方法都是一样的。

2.如何设计视频号的开头、主干和结尾

从产品的角度看，短视频这样的产品，更应该用产品化的思维去设计。主干结构化的好处在于，不仅可以帮助自己快速地设计内容，还能帮助用户快速地理解你的内容，长久就会形成思维定势和期待。

除了主干外，开头和结尾也很重要。

好的开头，可以一开始就抓住观众。和其他平台相比，视频号的沉浸感是比较差的，怎么能让用户不会快速走开，提高完播率，开头就非常重要了。

好的结尾就更重要了，我觉得比开头还要重要。好的开头能够留住用户，但能不能让用户更好地互动起来，甚至转发，靠的就是结尾了。比如我，长期坚持好的结尾设计，粉丝就会有期待。

（1）主干

我的视频主要结构就是三点式结构。不管是什么人什么事，我都争取说三个点。

我设计的三个点的叫法是"左一点……右一点……下一点……"，这样就会有很高的辨识度和想象空间。而且这三点要层层递进，或者顶多"左一点""右一点"可以并列，"下一点"是一定要升华拔高的。

这就是产品化的思维。

我现在已经习惯了三点的表达方式。不光是做节目，平时开会也这样了。久而久之，我的受众也就习惯了我的这种表达方式，轻易不会走开，都伸长脖子等着看我下一点会说什么。

同时，亮三点的方式，也是培养一种结构化的思维方式。现在看来，三点是最佳方案。因为说多了，你们也记不住；说少了吧，一点太极端，两点太简单，只有三点，最平衡。

现在，越来越多的朋友们在学习我的三点式。

（2）开头

每条视频的第一句话特别重要，怎么说好开头一句话呢？我用亮三点的方式给出建议：

左一点：直接。

你既不能像《射雕英雄传》的开头"钱塘江浩浩江水，日日夜夜无穷无休地从临安牛家村边绕过"，也不能像《平凡的世界》的开头"1975年二三月间，一个平平常常的日子"。

你必须直接，开门见山，第一句话就说清楚这条视频要干什么。

右一点：争议。

视频号和抖音谁更好？孙杨是不是一个好运动员？这是没有标准答案的问题，可以引发讨论、思考。

我的视频开头的几个"争议"的例子：

QQ 号、游戏账号等虚拟财产，到底能不能继承呢？

视频几点发比较好呢？

普通人需要做视频号吗？

下一点：悬疑。

我的视频开头的几个"悬疑"例子：

我的视频号怎么给公众号带来 5000 个付费阅读的？

怎么才能让自己的视频号受到更多的人关注呢？

"10 后"孩子们的社交，你了解吗？

视频号更新乏力？我的秘诀是……

我长得不好看，能做视频号吗？

央行数字货币要来了，跟微信支付宝有啥区别呢？

视频号 + 直播，会有多大的想象空间呢？

录短视频需要用提词器吗？

视频号怎么导流变现呢？

（3）结尾

循旧例，亮三点；循旧例，举例说。

左一点：想方设法增加互动性。

如果结尾设计得好，用户完播之后，还不算完，就好像你还拿着个钩子在钩他，感觉不参与互动留言简直就是一大遗憾，睡觉都感觉空落落的。拿我的视频的几个结尾举例说明：

《北京会有一半人永久性在家办公？》的结尾：我想跟大家打一个赌，我赌 10 年后，北京的公司，会有一半人永久性在家办公。愿意赌的话请留言，赌一块钱。

这个结尾的设计，我自己是相当满意的。首先，这个事情是很具有争议性的，北京能不能实现一半员工在家永久性办公呢，很难说。我个人是倾向大城市在家办公的比例会越来越高，但每个人观点差异太大了。

其次，这个话题又是和大多数人息息相关，可以没有门槛地参与讨论。

最后，还有小赌怡情，也有娱乐的成分在里面。如果真的输了，我的粉丝也不多，我赔得起，哈哈。

《"10 后"孩子们的社交》的结尾：它会不会颠覆微信呢？我不知道，我只知道颠覆微信的，一定不是另外一个微信，那是什么呢？谁知道，快点告诉我，我们一起干！

这个结尾，有大家天天离不开的微信会不会被颠覆的问题，以及会被谁颠覆，甚至还会有创业点子等。再加上我撸起袖子的表演，评论里好多人表示愿意一起干，哈哈。

我的《那些消失了的经典软件》系列，开头几期结尾都是：这个系列你觉得还应该盘点哪些软件呢？欢迎留言说说。

这样的结尾，就会勾起老网民的回忆，很多人参与互动，不仅说出了不少软件名字，有的还附上自己用这个软件的故事。

这样的结尾，一举两得：不仅提高了互动性，而且给我这个系列的后续选题，增加了不少素材。

右一点：自黑，永远是最强大的武器。

《我长得不好看，能做视频号吗》的结尾：连我都可以，你还有啥不能做的，而且一定要坚持下去，因为能做到不要脸的人很多，但能做到一直不要脸的就没几个了。

我这么自黑，留言里都是这样的画风："太励志了。""我又鼓起了做视频号的勇气。""刘老师都不要脸了，我长得更帅，还有什么好怕的……"

哈哈哈。

下一点：让观众在笑声中记住你的内容，这是最高境界。

《装点视频号（三）简介怎么写》的结尾：厚黑学听过吗？简介里自吹自播，是有必要的，但是要掌握好一个度。这个度怎么掌握呢？告诉你们一个小技巧，吃饱饭以后看一遍自己这个简介，刚刚好吐不出来，就正好。

酒香不怕巷子深的年代过去了，自己都不吹捧一下自己的话，别人更不会吹捧你了。但我看了很多人的视频号简介，大多走了两个极端：要么是看了之后啥也没记住，要么是看了之后想吐。建议走中间偏上的路线。

《聊天记录可做法律证据》的结尾：你男朋友承诺给你买东西的聊天记录也别删，他如果将来没买的话，OMG，告他告他告他！

这条视频下面，女孩子们回复的比例，明显高于男的，呵呵。

《女孩从小就懂区块链》的结尾：于是男人一气之下，就发明了区块链！

这期节目说的是男孩不如女孩的记忆存储，在笑声中让大家记住了区块链的一个特点。

《美国州长们正在抢退休程序员》的结尾：这就意味着，美国COBOL 程序员都已经超过 60 岁了，没想到美国的各州政府，还在使用这么古老的系统，不过古老也有古老的好处，因为黑客们也不会呀，哈哈哈……

一句"黑客们也不会呀",让大家在笑声中记住了三个知识点。

简单总结下:

主干:尽量结构化、产品化。比如我的《亮三点》。

开头:直接、争议、悬疑。

结尾:互动、自黑、搞笑。

3. 设计特定的口头禅和手势

在内容里有个让大家对你加深印象的小技巧,就是设计一句口头禅,每个视频都用这句口头禅。比如冯巩春节联欢晚会每年对观众说:我想死你们了,这已经成为他一个鲜明的标签。

在我的"亮三点"节目里,我经常说的一句话就是,左一点,右一点,下一点。通过重复这些语句来强化用户的印象,这样观众一听到这句话就能想到你,你就成功了。当然固定的手势也有同样的效果,比如在《亮三点》节目中,我和大家打招呼或告别的手势就是伸出三根手指,比划一个 3。

图 65　手势

4.时长和节奏的把握

对于知识类短视频来说，总时长在 3 分钟左右的短视频，效果最好。抖音对于粉丝过万的账号已开放 5 分钟视频权限。因为知识类的特定内容，15 秒甚至 1 分钟根本不尽兴。当然目前视频号最长是 1 分钟，预计之后也会延长时长。

视频节奏我们以 30 秒的视频为例：

0—3 秒，抛出主题或者核心吸引点。

3—8 秒，有个小高潮或者小梗。

8—30 秒，主要内容展示和主题表达。

除了整体内容节奏，还有肢体、语调等也要有变化。字幕、图片等辅助性元素也可以有节奏性地包装。

三、拍摄

最简单的拍摄解决方案就是：手机 + 三脚架。

手机摄像的时候，尽量在相机的设置里面选择 1080P 的超清格式，三脚架的目的是固定手机，防止画面抖动。平时大家看到的大多数自媒体视频节目，都是用手机、三脚架拍摄出来的。

背景可选择书房或会议室等，如果没有，用纯色的墙面做背景也很好。要注意在一段时间内（比如三个月内），节目背景统一。之所以不要求一直统一，因为你可能会随着节目的影响力扩大，对布景进行升级。

四、视频剪辑

视频拍摄完成后，还需要通过剪辑把错误的内容裁掉，把不同的镜头拼接起来，听起来比较复杂，其实也都很简单。

如果电脑操作，新手可以使用快剪辑，也可以使用相对专业的软件（如 Pr）来剪辑。手机剪辑的话，推荐使用剪映。

五、短视频 IP 快速孵化和用户沉淀的关键

总体来说，快速孵化一个垂直类短视频内容 IP 有以下三个关键：

1. 持续集中一段时间的内容生产

至少坚持一年以上的孵化时间。计算好整个项目的投入产出比，控制好利润，如果可能，最好可以日播。适当放弃一些节目包装和优化的需求，因为那些可能并不是你的目标用户的根本需求。对于用户端存在刚需的垂直类内容，最重要的就是先做出来，让内容上线，并保证一定强度的内容生产和发布速度。

2. 不断测试不断调整

接下来就是要不断测试和调整你的内容生产方式、运营方式、内容策划的角度、选题优化。做好标题和头图的运营工作。坚持用户思维和数据思维，每天回看你的各项数据，包括播放量、点击量、转赞评等数据，不断修正你的目标用户画像。

3. 做好"播后服务"

人格化的 IP，对于主讲人，有一个要求就是不仅仅要在内容正文中与用户交流，还要在评论区、弹幕区、微信公众号、微信群组、小程序、微店里，都做到人格化 IP 的打造和用户交流。让用户从始至终都不要"出戏"很重要。对于用户价值高的个人用户，甚至可以开通 VIP 的绿色沟通通道，直接和用户电话沟通。用户只有基于信任，才会成为你的铁杆粉丝。

短视频还有太多玩法和手段与路径，等待大家去探索和勇于尝试。如果看好垂直类短视频的内容发展，那就真的要扎扎实实地去思考这里面的游戏规则。而现在，正是最好的时机。

5

Five

知
识
付
费
是
『
人
设
』

变
现
的
最
好
方
式

◆ 为什么是知识付费

在这个注意力越来越稀缺的时代，个体的价值很难被大众看到。如果没有"人设力"加持，你很难获得职业和事业上的持续发展动力。强大的人设能让你在这么一个喧嚣的年代被看到、被认可，正如我们在"社群"那一节提到，只要你有 1000 个铁杆粉丝，你的事业就可以快速起步，并转变为极大的商业价值。

那么，当我们通过打造人设，成为某个领域的资深人士甚至是专家，并聚集了一定的粉丝后，如何变现呢？想必这是很多人关心的问题。

我们在"找到你的独特优势"里讲到，你面对的"粉丝"其实是三类人，相对于不同的人就有不同的变现方式。

在精力允许的情况下，我当然建议你通过多方面、面向不同人群去变现（为了方便表述，下文中统一用"用户"来代表购买你知识付费产品的人）。但是如果一定要我说哪个是最佳的变现方式，那就是知识付费。

早已财富自由的李笑来在接受界面专访时曾无意说出了一组数据："我给罗振宇写专栏，总共获利 4000 万，得到平台要分一半，交税要交一半还多一点，到最后分到我头上只有 900 多万。"

知识付费的高利润率已是显而易见。

有别于传统意义上的出版业、教育业等广义知识付费包含的概念，本书中的"知识付费"主要指"移动互联网时代利用信息生产者和消费者之间的信息差，将信息包装成产品／服务并将其通过互联网售卖的行为"。

相比出版业、教育业等，移动互联网时代的狭义知识付费内容更多样、时长更灵活、展现形式更自由，也更符合移动互联网时代消费者的使用习惯。

◆ 如何打造知识付费产品

一、知识付费产品形态

现在知识付费产品形态逐渐归结到六种：最热门的是全年订阅专栏，然后是周期更短的小专栏，还可以是微信公众号的付费文章，第四种是讲座课程，可以是单次讲座或者系列课，第五种是线上营，就是把线下的小班互动搬到线上来，第六种是付费社群社区。

如果整体地看这六种形态，第一类全年经营专栏、第二类小专栏、第三类微信公众号的付费文章其实是一个单向的模式，内容非常重要。第四、五类是讲座，课程和线上营，内容还是很重要，但是这个时候双向互动了，互动可能至少跟内容同等重要。第六类付费社群，大家的重心其实不再仅仅是内容、互动，还有人际关系。

推出全年订阅专栏的通常是行业大 V，一年的课程 200—400 元，当你还没达到这个级别，我建议你不要做全年的订阅课程，更适合做价格较低的小专栏，或者互动性较强的付费社群。因为大咖都是没时间互动的，这是他们课程的缺陷，也就能成为你的优势。

确定了课程形态，接下来，从实践者的角度来讲，做一个知识付费课程，我们最关心的是，怎么设计？在哪里卖？怎么卖？

二、知识付费课程怎么设计内容

接下来就手把手教你，如何从零开始打造一款属于自己的知识付费课程。

1. 你的价值来自你能填平哪些信息沟壑

先说结论，你的课程必须体现你的价值，而你的价值，主要来自你能填平哪些信息的沟壑。

什么意思？换句通俗的话说，你的价值主要在于你能提供什么别人不知道的东西。

你可能会觉得自己熟悉的这些东西都很平常，都是常识，甚至没什么好讲的。但其实，这种观念里面藏着一个叫"知识的诅咒"的魔鬼。我们常常误把自己知道并习以为常的东西当成大家都应该知道的常识，这就是知识的诅咒。

事实是，每个人都有自己熟悉的领域，在这个领域中你的认识、见解、你走过的坑，都会为领域外的人填平信息的沟壑，这就是你的价值。

那你该怎么设计自己的知识付费产品呢？比如说，你擅长和熟悉的领域是写作。但是，写东西这个领域太大了。你也许教不了别人写 10 万＋的爆款文章，因为你自己写的文章平均阅读量也就几百。你可能也教不了别人写故事剧本，因为你写的故事连你自己看着都会睡着。但假如你是混迹职场多年，凭借着优秀的写作能力升职加薪，那你是不是能试着教教职场写作？

那么，你的知识付费课程主题就出来了，职场写作。

但是，如果就叫职场写作，可能大家都不会感兴趣吧，因为这个事看起来不重要，和自己没关系，我一点也不会为自己不擅长职场写作而焦虑啊。

虽然说现在不再是"冲动付费"，而是"效果付费"的知识付费时代了，但也要看着有吸引力，用户才能去进一步了解它是不是有实际效果。

比如说，你要只是说："我来教你收拾屋子。"可能对方会说："你凭什么要我收拾屋子，你又不是我妈。"但是，如果你说："垃圾会塞满你的屋子，更会侵占你的人生。"焦虑感一下就出来了，对方可能就觉得这个事情有点重要，有必要学一学了。因此，你的这个课程必须让用户感觉到和自己有关。把职场写作上升到职场竞争力的层面，这才能和每个职场人息息相关。

2. 制定课程框架

既要有趣，还要实用，既要务虚，还得落地。大框架的构建，就围绕这个核心来进行。

首先，让用户认识到职场写作的重要性，进一步制造焦虑和紧迫感（务虚的引子）。

其次，告诉用户职场写作大概都有些什么内容（务实的开头）。

再次，告诉用户每个部分的内容应该怎么写（核心内容）。

最后，通过案例告诉用户掌握职场写作的好处以及如何更好地应用（务虚的结尾）。

虚实结合，不断解决问题，有干货，也有缓解内容过干导致的嗜睡等问题。

3. 找到一个可以贯穿始终的核心，对，一个

归纳、概括、总结的能力其实非常重要，能够把一些看起来完全没头绪，完全混乱的东西梳理到一条线上。

这么做有很多好处，比如便于传播。不管是说话还是写东西，其实都是线性传播的，而思维往往又是网状扩展的，这就形成了矛盾。把思

维的网拧到一条线上，才能更好地教会别人。既然是课程，教会别人才是最重要的，所以，必须找到这个核心的点。

职场写作课的核心是什么呢？当然是怎么写啊，我懂很多道理，但是仍然写不出来啊，怎么办！那如果有一个万用的公式或者说套路，能解决所有职场写作的问题，大家会不会很感兴趣呢。这个万用公式就是这个始终贯穿全部课程的核心。

4. 定位到场景去解决实际的问题

大家花钱购买一个课程，是希望能够实打实解决问题的。要解决职场写作的问题，就不能脱离职场写作的具体场景空谈写作。

职场写作的场景有哪些呢？无外乎会议记录、会议纪要、通知、报告、汇报、总结、方案、申请、函件、沟通邮件、宣传等内容。定位于场景之后，将场景分类，再总结就成了可以具体指导的内容。

5. 速成法和小诀窍永远最受欢迎

速成法和小诀窍是区分老司机和新手的办法，老司机们总是掌握了很多新手不知道的小诀窍，从而可以很高效地完成一些看似很艰难的任务。适时地把这些只有老司机懂的套路和诀窍分享出去，是收获大家崇拜眼神的好方法。

当然，小聪明适可而止，不要让好好一堂职场写作课变成了套路小聪明集锦。

最后，在段子和笑声（反复的修改）中，一款知识付费课程就诞生了。

三、知识付费产品在哪里卖

设计完了课程，那要在哪卖课程呢？那你就需要了解下众多的知识付费平台了，选择最适合自己的。

我把知识付费的平台分为了两类，流量型平台与工具型平台，下面我来为大家盘点一些主流的平台：

1. 流量型平台

（1）得到

得到创办于 2015 年 11 月，是罗辑思维团队推出的主打知识服务的 APP，通过订阅专栏、付费音频、电子书等方式为用户提供精品化的知识内容。

在商业模式方面，得到通过邀请名人入驻专栏主讲，制作高质量的专栏进行售卖，收入则由平台和主讲人双方分成。

（2）喜马拉雅

喜马拉雅创立于 2012 年 8 月，以移动电台为初始业务。它于 2016 年 6 月正式推出付费内容，是目前国内最大的在线移动音频分享平台。

喜马拉雅的内容生产由 PGC+UGC+ 独家版权组成，平台上既有大量专业制作的版权内容，同时"人人都能做主播"的模式也积累了大量原创作品。

在盈利模式方面，喜马拉雅和平台主播达成合作关系，节目收益双方大多以 5：5 的比例分成。

（3）荔枝微课

目前，荔枝微课是国内众多知识大咖普遍使用的微课直播平台，它的定位就是在线培训直播平台，在线直播的好处在于类似传统授课过程，内容更生活化、泛娱乐化。

（4）千聊

千聊是由腾讯众创空间孵化的，它对微信公众号具有天然的黏性，让它轻易就拥有微信公众号大 V、超级知识 IP、网红公知的粉丝效应，同时，因为这些效应，让它更注意讲师与学员之间的互动，打造成一个互动性学习社区。

（5）知识星球

原名"小密圈"，大咖和嘉宾可以选择开设付费星球或免费的星球，从而聚集自己的铁杆粉丝。

2. 工具型平台

工具方面，比较典型的两家是小鹅通和短书。

（1）小鹅通

小鹅通创始团队来自腾讯，成立于 2016 年年底，主要业务是帮助内容 CP 和垂直平台提供包含内容付费、用户管理、营销、社群活动、品牌传播等一整套流程的技术解决方案。

（2）短书

短书作为一款 SaaS 型工具，以 H5 页面为传播形态，以"图文音频专栏 + 语音 Live 直播 + 视频直播讲解"为内容载体，以知识微店为呈现形式，几乎涵盖了所有的为内容付费的变现方式，支持嵌入公众号、APP、网页等任何地方，可帮助企业、机构及个人打造真正属于他们自己的、完全独立的品牌知识服务平台，并在品牌领域内完成付费转化。

这么多平台，我们该如何选择呢？

流量型平台本身就坐拥大量用户，这是得天独厚的优势，也是双刃剑，作为流量入口，它一方面为内容输入者提供了用户，另一方面也为你的用户提供了大量类似的服务内容，从而一定程度上和其他内容生产者产生了竞争的关系，用户可能最终属于平台，而对你的知识付费产品失去黏性和依赖。

而且有些流量型平台是有很高门槛的，比如"得到"并不是一般人可以入驻的。另外一些平台 50% 的分成比例可能会对收入造成很大的影响。

工具型平台是一个技术提供商的角色，提供的是技术支撑与运营解决方案。对于内容输出者来说，创建一个完全归属自己的"知识小店"，在这个店里面，一切内容都是围绕作者打造的，从根本上杜绝了潜在的利益冲突问题。当然缺点也很明显，就是课程的销售完全靠自己引流。

费用方面，工具型平台一般都是一次性支付一年的使用费用，大概两三千元。

如果你对自己的知识付费产品还比较有信心，至少预测总营收能达到万元以上的，那选择工具型产品，使用更灵活，也不存在任何比例的分成。

希望大家能有一个良好的心态，在自己的实力还不足够做一款知识付费产品的时候，可以在平时阶段性地把自己的技能进行梳理总结，结合一些实操的案例，总结成一套方法论分享给更多人知道。

这样的最小化可行性产品可能是一小段文字、一篇文章、一节微课、一次公开演讲……慢慢延伸迭代成为爆款知识付费产品。

进而，在不断的产品迭代当中得到越来越多用户的认可与拥护，这样将有机会成为能够影响一群人的 KOL。

四、视频号 + 微信公众号怎么实现知识付费

先从这篇公众号付费文章的汇总数据说起。

文章是《如何抓住视频号的机会？我给 9 点建议》。2020 年 3 月 9 日发的文章，截止到 2020 年 3 月 21 日，一些汇总数据是这个样子的：

表 3　汇总数据

付费人数	3000+
阅读量	30000+
付费率（付费人数 / 阅读量）	11.7%
付费收入	10000+
赞赏人数	70+
赞赏收入	1000+
公众号粉丝增加	4000+

1.视频号和公众号的关系

左一点：二者是微信生态里，肩负出圈使命的内容哼哈二将。

之所以这么说，是因为在任何一个生态里，内容都极其重要，既要承担入口的角色，也要承担出口的角色。微信生态里的内容产品，不止这哼哈二将，但和其他产品不同的是，这二将都要负责出圈的重任，要走出朋友圈，走出小圈圈，从私域流量到公域流量。

右一点：这哼哈二将，左长拳右短打，左订阅右推荐。

哼哈二将虽然使命相似，但分工却不同。不同体现在两个方面：首先，二者武功路数不同，公众号是长拳，视频号是短打。作战时二者需协同配合统筹推进，双剑合璧，方能出奇制胜天下无敌。

其次，二者的分发、传播机制不同。公众号是订阅机制，谁订阅了就推送给谁；视频号是推荐机制，在订阅的基础上，增加了推荐机制，有机会出现在视频号的瀑布流中。

下一点：由于门槛更低，视频号承担的任务更重。

公众号的长文章逼倒了很多英雄汉，短视频的门槛则要低多了，尤其是下沉市场。所以和公众号相比，视频号的受众群体更大，内容将更加发散多元，任务也就更重。

2.用视频号导流公众号知识付费，我做了哪些操作

（1）录好相关的短视频，内容要贴切。这就是我前文说的长拳和短打的关系，也有点类似于电影的预告片，要剪辑组合合适的内容，引起大家看公众号的兴趣。

（2）发布视频的时候，随手插入公众号文章的链接，如图66所示，倘若用户没有兴趣也不影响观感。如果感兴趣，则可以顺手点击链接，跳转到你的付费文章。简单、轻松，也愉快。

图 66 《如何抓住视频号的机会？我给 9 点建议》

（3）录视频的时候，还有个小技巧，可以在视频最后加一句话，进行赤裸裸的导流（自家的自留地，种什么东西就方便多了）。

（4）以上工作就完成了从视频号到公众号的导流。如果你觉得一个视频效果不够的话，可多录几个。

（5）公众号付费文章一定要设置导语，而且导语要引发疑问和好奇。

付费文章，用户只能看到一小部分，大部分看不到，所以必须设置导语。需要注意的是，导语里面尽量不要给出结论，而是要引发疑问和好奇。

但切记不要标题党和为了好奇而好奇。我有个女性朋友，是情感作家，付费文章的标题特别诱惑人，但文章是个正经文章——正经文章也可以很好的啊。结果就有很多付费用户去投诉她，然后，就被禁言一周。

她向我诉苦说，平时就是这么写作的啊。我说你平时标题党，大家顶多发发牢骚。现在读者付了真金白银，就会觉得你是诈骗。

3. 视频号给公众号引流的效果怎么样

为了分析视频号给公众号的引流效果，我特意让同事手动采集了一些数据，可惜数据是从 4 天以后才开始采集的。怪我，这个念头来得晚了一些。

不过也好，这些数据说明基本上都是视频号带来的。因为公众号本身的流量，按照惯例，4 天以后基本上会归零。

表4 如何抓住视频号的机会？我给9点建议

阅读量	付费数	阅读量增加（和上一行相比）	付费数增加（和上一行相比）	区间付费率（区间付费人数／区间阅读量）
16330	1828			
16497	1850	167	22	13.2%
16652	1867	155	17	11.0%
20206	2268	3554	401	11.3%
21099	2394	893	126	14.1%
21652	2459	553	65	11.8%
22775	2590	1123	131	11.7%
24054	2754	1279	164	12.8%
24547	2812	493	58	11.8%
25068	2871	521	59	11.3%
25853	3000	785	129	16.4%
26537	3106	684	106	15.5%

这篇付费文章的总付费率（付费人数／阅读量）是 11.7%，这个也可以看做是付费率的平均值。

而到了我们手动采集数据开始（也就是文章发了四五天以后），区间付费率（区间付费人数／区间阅读量）基本上都高于平均值。

　　且越是到后来，付费率越高。比如到了接近 3000 人付费的前后，付费率急剧升高，达到了 16.4%。如果都按这个付费率的话，这篇文章的付费率又能增加 1000 多人。

　　在手动采集数据的区间，区间平均付费率是 12.3%。如果把这个数据看成视频号引流的付费转化率的话，那真的是相当可观了。

　　也就是说，每从视频号给公众号带过去 100 个人，就会有 12.3 个人掏腰包付费。这个转化率，你品，你细品。虽谈不上多么骇人听闻，但也相当可观。

Part 4
案例——你可以照着做

在了解了打造人设的方法后，接下来我们来看看在实际工作、生活中如何进行应用。我从我指导的案例中，按照不同的职业，选取了几个比较典型的案例。

（下文中人物名称皆为化名。）

一、人物背景

李路文是一名独立开发者，在塞班智能手机时代就开始了独立开发者之路，获得过多家投资机构的投资。在移动互联网早期，通过工具类APP斩获了第一桶金。但是随着互联网红利消失，获客成本高企，原来的互联网业务到了增长的瓶颈期。

二、人设定位

我们需要找到在目前的人生阶段，自己的独特优势。李路文除了具备过硬的技术开发能力，我还通过成就感估值法帮他找到了他的另一个重要优势。

互联网业务到了增长的瓶颈期后，李路文开始找不同行业的人沟通，以期通过观点的碰撞，获得新思想新认知，从而获得新的增长机会。而在这个过程中，他获得了久违的成就感。

他发现，交谈时他能够把项目起步经验极具条理地传达给其他人，听众常有醍醐灌顶的感受。在他的指导下，有几款产品有了很好的表现，早期产品数据均超过预期。因此，他被几位朋友视为创业导师。

根据他的经历，我帮他做了人设定位：

核心技能：早期创业知识及经验。

次核心技能：技术开发。

行业：移动互联网。

所以他的独特优势可总结为：最懂技术的早期移动互联网项目创业导师。

同时我也在为他寻找特质标签。安排给他一个任务，让他找同事、朋友、同学、家人共30人，用三个词来评价他是一个什么样的人。最后统计出最多的一个词就是：自信。而这个特质也是吸引合作伙伴、投资人的最强助攻。大家觉得和他在一起就能斗志满满，对所做的事充满信心。所以就将"自信"作为了他的特质标签。

三、自我提升

1. 提升专业技能

为了增强自己的创业方法论，李路文开始阅读大量相关书籍，从《定位》《上瘾》《失控》，一直到《小群效应》《精益创业》《商战》等，他每一本都进行了精读并着重练习了如何把中心思想介绍给别人，辅以完善的读书笔记，一套互联网产品打法在无形中酝酿。

2. 打造适合自己的着装风格

李路文把之前的浓重工程师气质的着装封存起来，换上休闲西服，整个人格外精神，内外兼修，一股浓浓的导师气息迎面而来。

3. 积累人脉

一个好的人脉圈子有助于扩大自己能力的辐射强度，就好比《三体》里人类利用太阳将信号放大数倍从而达到传播的目的一样，人脉圈子就好比是太阳。李路文经常参加行业内的活动，偶尔也会主动邀请大家聚会，从而通过沟通交流获得有效的人脉关系。

四、人设的传播及变现

在对自己有了清晰的人设定位，并有针对性地自我提升后，接下来就是要把自己推广出去了。

1. 打造微信朋友圈

微信朋友圈是很重要的一环，李路文坚持在朋友圈撰写最为明确、犀利、独特的观点，并经常分享业内知名分析师的文章。当然，自己在论坛做分享的相关资料也是一定要发到朋友圈的。经过一小段时间的积累，打开他的朋友圈，你会被浓浓的商业大咖氛围所笼罩，当然，通过朋友圈包装自己的效果也就达到了。

2. 通过社群获得铁杆粉丝

李路文把自己的经验打包成课程，面对互联网创业人群，主要教授从 0 到 1 阶段的项目经验。

他找到几个圈内好友，合作生产出一系列的针对社群内部的分享课程，涵盖从项目立项、项目研发一直到营销推广的丰富内容。他的一些个人观点，比如"互联网创业大坑之 —— 一创业就做 APP"，经由几位圈内有影响力的好友转发，在互联网产品社群引起过不小的讨论。

他所建立的社群也越来越有影响力。在结识更多的"弱关系"好友后，终于迎来了一个事业的小高潮。

3. 人设变现

首先，是多家互联网企业邀请他做产品顾问，名利双收后的结果可想而知，自信大增的他，得以获得更多优势资源。

其次，他还在接触大量项目后，用自己的一套创业逻辑，可以较大概率判断项目前景，从而得出自己的一套投资心法，并把优秀项目推介给了投资好友，顺带小赚了一笔。

最后，通过与币圈的朋友交流，他发现了自动化交易的潜在可能性，把币圈人的投资心得变成了一套能够不断更新的算法，通过程序自动控制交易，甚至实现无人值守情况下的自动买卖，项目还在进行中，我们预祝他成功。

从一开始的众多独立开发者中的一员，在对自己的人设重新定位后，变成了"最懂技术的早期移动互联网项目创业导师"。从默默无闻，一路成为互联网大咖，这种成功的转型离不开对自我人设的重新定义。

2
Two

『运营喵』篇

2015 年开始，新媒体运营之火伴随着微信公众号的崛起，六神磊磊、胡辛束、深夜发媸等诸侯纷争割据，豪杰辈出。新媒体版图争霸，已经进入下半场，新媒体运营成为大部分企业必备的岗位。但是，新生的事物总伴随着曲折，伴随着运营喵的不断崛起，对于自我角色的认知和角色的塑造开始有了新的思考。运营喵已不是传统意义上的"小编"，而是一个公众号的产品经理。

一、人物背景

徐雯雯是一名广告公司的普通内容运营喵，在微信公众号揭开新媒体时代就开始了新媒体写作之路，而且她也很喜欢写文章。

在以前，只要是内容好，就不愁流量。可随着入局者与日俱增，用户打开率越来越低，仅仅靠内容驱动显然已经不行，突破瓶颈成为了迫在眉睫的事情。

二、人设定位

面对逐步下降的阅读量，徐雯雯想要改变现状，于是开始和许多同行交流，希望能从中得到启发。

在交流的过程中，她发现大家都在寻找这样一种增长能力：能够激活自己的用户，增强用户黏性。而这件事，仅仅靠写出好文章还不够。

有了需求，就应该有人来做这件事。

虽然她当时还不具备用户运营的能力，但我建议她可以朝这个方向来设定自己的人设，然后通过刻意练习去补足。

一个核心技能：写文章。

次核心技能：用户运营。

行业：传媒。

所以她的独特优势可以总结为：既会写又懂运营的新媒体专家。

接下来她还要找到自己的特质标签。

有个职场新人曾经请教徐雯雯，新媒体运营里细分了很多岗位，实在傻傻分不清，每个岗位到底是做什么的啊？徐雯雯结合日常生活中的事巧妙地解答了这个问题。

徐雯雯告诉他说："你找工作，要写一份简历进行自我包装，这就是内容运营；你追妹子时，为她准备了生日惊喜，她一感动从了你，这就是活动运营；你在微信朋友圈设置分组，发夜店嗨皮的视频时屏蔽了你爸妈，这就是用户运营。"

徐雯雯化繁为简、接地气的表达着实为她的人设增色不少。其实她还有其他的特质，比如性格豪爽、为人正直，但相对来说，"接地气"这一特质和她的独特优势（新媒体专家）更搭。很多专家都喜欢说些听不大懂的专业名词，讲话也比较枯燥乏味，所以"接地气"的徐雯雯就很容易脱颖而出。以后无论她的文章也好，演讲也好，都要符合这一特质，她的人设就会渐渐深入人心。

三、自我提升

1. 提升专业技能

真的运营喵，敢于直面惨淡的阅读量，从茫茫点赞、留言、粉丝数据中，发现运营的洞，打上补丁，达到老板想要的 KPI。无论是涨粉，还是做共鸣的内容，都需要小编拥有比较强的逻辑能力。研究用户心理、研究传播规律、研究行业，才能对自媒体有很好的洞察，才有机会写出爆款文章、做出刷屏活动。

为了增强自己的运营方法论，徐雯雯通过高效的阅读方法（前文有详细讲解），在短时间内阅读了大量的相关书籍，《增长黑客》《引爆点》《社群运营》《运营之光》《乌合之众》《社会心理学》《广告人的自白》等，并通过1年的刻意练习（前文有详细讲解）将这些方法融会贯通。

2.打造自己的外在形象

既然研究的是增长黑客的方向，那自然要有一种黑客主义的穿搭。以前徐雯雯喜欢穿一些可爱淑女风的衣服，这种风格本身和她的性格就不搭，现在和她定位的人设就更不搭了。

我建议她剪了利落的短发，穿着风格简约、中性。男生里模仿乔布斯穿搭的太多了，大家都司空见惯。可是如果女生常常穿着有质感的半高领T恤／针织衫、牛仔裤，就会给别人留下很深刻的印象。

3.积累人脉

徐雯雯以前总是闷在办公室里写文章，很少和别人面对面交流。可是她的性格不去和人打交道，着实是浪费了自己的优势。我建议她去参加各种行业会议，去认识业内人士，并学会用故事来介绍自己（前文有详细讲解），不放过每一次"推广"自己的机会。

四、打造人设力

1.在网络平台贡献专业知识

徐雯雯将自己总结的读书笔记及案例，总结成文章，投稿到知乎、36Kr等互联网媒体平台，凭借着专业性和深入浅出、风趣幽默的文风，迅速收获大量粉丝。在业内，她也获得了一些企业家、知名媒体人的认可。

2. 人设变现

从对运营的一无所知，到不断学习实践，再到简单地运营干货的分享、点评知名案例。经过两年的努力，许多人慕名而来请教徐雯雯相关的运营法则。

这个时候，徐雯雯已经具备了两年多前所定位的独特优势——既会写又懂运营的新媒体专家。是时候踏入知识付费领域，来将人设变现了。

我们发现，市面上的课程要不就是教写作的，要不就是教用户增长的，很少有将新媒体的这两大部分完美结合的。有些课程是两个或多个老师来讲，看似知识点都涵盖了，实则内容松散，完全是将两部分硬拼在一起，难以融会贯通。于是她打造了"从零基础到内容、运营全能的新媒体稀缺人才"的课程。售价99元，卖出了5000多份。而这，只是她人设变现的第一步。

从一开始的众多新媒体人中的一员，在对自己的人设重新定位后，蜕变成了一个写得一手好文章又深谙运营之道的新媒体专家。从默默无闻，通过清晰的人设定位，成为互联网真正的运营之光。

『程序猿』篇

程序员这个职业可以说是"脑疾手快"，在人们的固定思维中，这个职业的人相对不爱说话，不擅长打扮，不爱与人打交道。但如果你看到一个口才很好的程序员，那你或许会被他吸引。

一、人物背景

蒋晟已经写了 4 年 toB 端的软件，在很多人眼里是一个标准的"程序猿"：格子衬衫、走起来佝偻的身躯、腼腆的表情……但到了代码世界，蒋晟用着 PHP 这个"世界上最好的语言"在 GitHub 里疯狂地找轮子，解决起来问题完全一副手到擒来的架势。

蒋晟当然想要在代码世界外也有怒放的生命，但一来周围环境就是这样，二来自己确实也没有多大改变的动力，想变成周杰伦《阳光宅男》中的男主角，恐怕确实要下一番功夫。

二、人设定位

看到这里，你觉得蒋晟会跟现场表演联系起来吗？基本不会。

但我和他交流后，发现他表情、肢体语言丰富，说起话来也是一个段子接着一个。听他说话的感觉似曾相识，后来才反应过来，这不就是脱口秀的风格嘛！

于是，我将蒋晟的人设定位为：

一个核心技能：编程。

次核心技能：脱口秀。

行业：产业互联网。

所以他的独特优势可总结为：产业互联网界会讲硬核脱口秀的程序员。

他的特质标签是：幽默。这一点不仅体现在讲脱口秀的时候，在生活中，在朋友圈里，他也在不断突出自己的这一特点。

三、自我提升

明确了自己的努力方向，蒋晟就开始了脱口秀的深耕之路。

虽然没有什么现场表演的经验，但蒋晟依托多年的编程经验，有着强大的逻辑思维，这是进行现场脱口秀表演的重要一环。当然这是不够的，蒋晟依然需要在很多方面做出努力，才能够拿稳脱口秀表演者这个人设。

脱口秀需要原创的段子，所以在工作外的时间，蒋晟都在为写段子找素材，有时好几天写不好一个满意的段子，有时却文思泉涌。同时脱口秀表演需要大量的练习。

蒋晟每周二去南锣鼓巷的脱口秀小据点当众练习，在那既可以听到别人的现场脱口秀，又可以自告奋勇上台表演。从观众的反应中，慢慢地找到了戳中观众笑点的节奏。结合自己的职业特性，采用自嘲的口吻用脱口秀讲述程序员这个职业，笑料不止，在现场经常有观众在结束后加他微信，这简直就是用二维码投票，蒋晟当众演讲的信心慢慢地越来越足了。

除了定期去脱口秀聚会现场表演练习，其余时间他就找自己的好朋友给自己当观众，从他们的反馈中不断地修正每一个段子。

四、打造人设力

1. 人设传播

蒋晟精心挑选了一些广受好评的段子，拍成了视频，上传到各大短视频 APP，一开始反响平平，但经过不断的修正和学习，粉丝越来越多，播放量也越来越高。这给了蒋晟非常大的自信心。

2. 人设变现

当蒋晟在脱口秀界获得一点小名气之后，他整个人的精神面貌也焕然一新，最重要的是体现到工作里的超强逻辑加巧妙的演讲技巧。每周一次的产品研讨会上，他的发言越来越有条理，这些都被领导看在眼里。

有一次行业会议，领导让他代表公司上台演讲，介绍公司的产品。那次活动后，有什么对外的商谈、演讲，领导都会带上他，他几乎成为了公司的半个"代言人"了。他的领导也确实是知人善任，一个懂技术又能演讲的人到哪儿去找。

后来，蒋晟又获得了一次项目管理的机会，并在工作中表现出极高的业务水准，没过多久，从一名普普通通的程序员一跃成为部门经理，顺利完成了职业进阶。

蒋晟对自己的人设定位的出发点，是基于人们对程序员的片面印象。当人们发现自己的想象与对方的实际情况相差甚远时，人们会本能地多给一些注意力，而这些注意力是成功打造人设力的重要因素。

4
Four

『设计狮』篇

在这个信息发达的时代，随着互联网技术的快速发展，UI 等设计师越来越多，正所谓"三百六十行，行行转 UI"。所有的科技产品，不管是硬件还是软件都有不断进化的空间，这就给了设计师很大的发挥空间。对于绝大多数不是科技从业者的人类来说，科技产品天生就有一种距离感，要让普通人、小白都直达产品的价值，且容易操作，这或许就是互联网设计师的使命。

一、人物背景

蔡亮是一名 UI 设计师，大学主修的工业设计。在大学期间跟着专业老师做过一些全国性的网页设计的比赛，也包括一些动画类的比赛。暑假期间到互联网公司实习得到上司的认可和栽培，为后来的发展打下了坚实的基础。蔡亮毕业以后选择进入互联网公司工作，进入设计岗。

本以为这会是一份很适合他的工作，然而他发现，他的设计总是不能让各方满意。他自己很满意的作品，却不停地被要求修改，直到修改成他不喜欢的样子。渐渐地，他对工作也越来越没有热情，他已经没有创新意识了，在做设计之前他只会想，领导可能喜欢什么样的。他不喜欢自己的这种状态，他意识到自己需要作出一些改变。

250

二、人设定位

蔡亮想跳槽去其他公司，他觉得这样情况可能会有所好转。但我觉得跳槽并不能从根源上解决他的问题。

我让他列举出他比较喜欢做的事。其中有：研究优秀的 UI 作品，看设计领域的著作（会写读书笔记），和别人交流设计理念（如果对方能从他的分享中有收获，他会特别有成就感）。

我觉得他完全可以用业余时间去布道自己对于设计的理解，打造一个 UI 设计师的交流圈。等做得有一些气候，就可以辞职专心做这件事。

基于此，我对他的人设定位建议如下：

一个核心技能：UI 设计。

次核心技能：社群运营。

行业：科技。

所以他的独特优势预设成：最具影响力的科技产品 UI 设计圈子的发起人。

他的特质标签是：富有钻研精神。作为一个社群的发起人，可能在一些人眼里，他是一个善于营销的人，在另一些人眼里，会本能地觉得这种人比较浮躁。所以，他的特质标签会对他的人设有很好的补充作用。而这一特质就要体现在平时写的文章以及演讲中，不是夸夸而谈，一定是有真才实学的。

三、自我提升

1. 提升专业技能

蔡亮走出钢筋混凝土结构的办公楼，第一次去关注人，关注自然，开始不完全依赖素材市场而是向生活要素材。他重新去翻阅大学时期的设计资料，以期能获得更深的理解；他强迫自己每天体验 10 款互联网产品，为的就是不让新的设计逃出他的眼睛；他去参加美术展，他去翻阅设计大家的素材集，比如《深泽直人》，比如《博朗设计》。

2.学习写作技能

要打造一个 UI 设计师的圈子，你就要吸引一群人，要想吸引他们加入你的社群，最低成本也是非常有效的方法，就是发表一篇篇有见解的文章。

我们之前说过，新媒体写作不要求你有多好的文采，重点在于你的观点。只要你能通过学习我们前文讲到的写作方法，逻辑清晰地把内容表达出来，就可以了。

蔡亮通过我教他的方法，不断练习写作。一个月后，他应该算得上设计圈写文章一流的了。

3.学习社群运营

在前文我们是把社群当做一种传播的渠道去讲的。它可以作为推广的辅助渠道，但本身也可以作为一种产品去发展。在蔡亮的案例中，它就属于后者。这种情况下，仅仅看本书是不够的。还需要多去研究一些相关的书籍，比如蔡亮还读了《乌合之众》《疯传》《引爆社群》等书籍。

仅仅读书知道一些理论还是不够的。蔡亮还加入了很多优秀的社群，亲身体验别人是怎么运营社群，并针对每一个社群，作了社群的优缺点分析。

结合理论和实际，蔡亮对社群有了一个完整的规划，并逐步实施。

四、打造人设力

1.做自媒体号

蔡亮在具备一定写作能力后，开通了个人公众号、头条号。将对设计的理解完全地倾注在里面。每篇文章里都会提到自己的社群，并提供加入的方式。不到三个月的时间，他已经有了 10 个 500 人的大群。

2. 人设变现

这 10 个群都是免费的交流群，声势是有了，如何变现呢？他又打造了一个付费社群，每人 199 元。这些用户全部来自这 10 个免费的群。

加入付费社群，就会不定期得到蔡亮精心收集的资料，同时，社群里定期会有嘉宾的分享，还有读书会等学习活动。至于蔡亮是怎么请嘉宾的，打着"最具影响力的科技产品 UI 设计社群"的名号，自然有嘉宾为了增加自己的知名度来做分享。

同时，手握如此多的设计师资源，一些公司开始找他合作，把设计工作外包给他，一小部分感兴趣的他会自己做，更多的他会给到群里的小伙伴，自己少量抽成。

从一开始的众多 UI 设计师中的一员，在对自己的人设重新定位后，蔡亮蜕变成一个懂传播的设计师，从此他的人生有了更多的机会。

产品经理是一个神奇的存在，这是一个对外行很难解释具体做什么的职业，并且这个职业可以发掘出超级多的人设：偏执狂、细节控、演讲专家、技术控、领导者等等。由于职业比较容易产生话题，尤其是和程序员相爱相杀的传说，使得产品经理这个职业在网络中已经很容易被人记住了，那产品经理怎么做才能更好地打造自己的人设呢？

一、人物背景

赵书惠是一名在线教育平台的产品经理，从最初的画应用原型打杂，直到经手几个产品，也算是积累了一些经验。

赵书惠的远大理想是做出数千万人用的产品，但残酷现实是，赵书惠现在手上的产品增长停滞，推广效果不佳，若再没有大的进展，项目就会被雪藏，那样的话，她的职业前景也堪忧了。

二、人设定位

赵书惠除了在自己负责的产品线付出努力外，她还喜欢各种新奇的硬件产品：数码产品、智能家居、航模、3D 打印机等等，她都有研究。同时她自己有孩子，她也深入了解过儿童市场。为什么不试着整合自己的优势，做一个有独特优势的产品经理呢？

综合对她的分析，我对她的人设定位如下：

一个核心技能：*产品素养*。

次核心技能：*硬件*。

行业：*教育*。

所以她的独特优势可以总结为：*懂硬件的少儿教育产品经理*。

三、自我提升

1. 提升相关技能

少儿教育是一个非常大的市场，把相关的市场数据拿来分析学习会有非常大的突破。而分析一个市场则需要非常多的专业知识，赵书惠请从事教育行业的朋友推荐了几本相关的书籍，也找到了一些研究市场前景的研究报告。通过前文介绍的高效阅读的方法，她快速学习完了所有的资料，至此赵书惠对这个市场有了更深的了解。

同时，喜欢玩硬件跟懂硬件是两码事，赵书惠在一开始就深知这个道理。少儿教育可能也会涉及硬件，赵书惠也把未来最可能涉及的硬件成本部分单独研究了一下。从设计研发，到量产制造，到底可能有哪些坑，她都了然于胸。

2. 拜访圈内大咖

闭门造车总是伴随着极大的信息不对称，所以赵书惠通过自己周边的人脉寻找教育产品的从业者。从产品研发到市场推广，从竞争策略到攻防战略，从各个角度了解了这个市场。每个人都认为少儿教育仍然有很大的发展空间，这给了赵书惠极大的鼓舞，决心要深耕这个市场。经过这一轮拜访，赵书惠也获得了很多有价值的建议。

四、打造人设力

1. 分享调研成果

赵书惠把自己调研后对市场的一些看法，总结成一套自己的方法论，不断地同周边的值得信赖的朋友同事宣讲，一来通过宣讲可以获得很多反馈，得以完善自己的方法论，二来可以通过交流获得更多资源，为后期项目发掘做一些原始积累。

2. 人设变现

赵书惠通过对少儿教育市场的研究，成功摸索到一个潜在的可能市场产品：少儿陪伴智能早教机。与其他产品着重于教授知识不同，赵书惠对于这个市场的定位在于陪伴。

她向公司提出了她的想法后，公司经过一番研讨，几经周折最终批准了开展该项目。由于定位的差异化，加上营销上的创新，一年卖出了数十万台，为公司创造了可观的利润。赵书惠不光收获了知名度，更升任了公司产品总监。

对产品素养的专注，对新兴市场的渴望，对自己人设的重新定位，都促使赵书惠变成一个更好的产品经理。根据自我认知，根据市场状况，及时调整对自己人设的定位，会极大地促进事业的进程，也会赋予人生更多的可能性。

在互联网行业做市场的人，他们承担着 KPI 的压力，背着电脑行走在全国各地，他们是互联网企业的前线战士。

一、人物背景

章玉婷是一名互联网公司的商务，毕业 3 年以来，在公司前辈的帮助下，通过自己的不懈努力，获得了不小的成长，已经可以撑起一片业务。顺风顺水的她发现在现有公司框架下，自己已无法继续成长。为了避免在舒适区待得太久，她准备重新起航。

二、人设定位

章玉婷热爱旅行，擅长文案，因为工作原因常年出差在外面跑，综合了这几项，我将她的人设重新定义如下：

一个核心技能：商务合作。

次核心技能：文案。

行业：旅游业。

所以她的独特优势可以总结为：一个极具资源整合能力的旅游博主。

三、自我提升

1. 提升专业技能

章玉婷在各大旅行网站发了几篇旅行散文，但阅读量比较低，渐渐地热情消退。后来发现短视频平台上涌现出一大批旅行家，她决定一试。

她学习了视频剪辑，又购置了一些必要的器材，比如三脚架。同时，也在提高自己的文案能力。

相对于其他旅行博主，也许她的画面做得还不够强，但她的旁白更能引起共鸣。

2. 广交挚友

全国到处跑，除了累积里程越来越多，朋友也越来越多。这些朋友带来的视频影像成了章玉婷打造人设力的素材。

四、打造人设力

由于章玉婷有很强的资源整合能力，所以，她能让自己的每条视频都发挥到最大的价值。

她会认真研究各个视频平台当前阶段推出的活动，因为参与活动的视频会得到相对更多的推荐。然后她综合各方面，做一个能同时参加各个平台活动的视频。

比如，A 平台有关于"暑假"主题视频的投稿活动，B 平台有关于"创业"主题的视频投稿活动。为了同一条视频能参加两个活动，同时还要符合她自己的定位，她将视频的主题定为了"暑假不穷游，边玩还要边赚钱"。

平时她积累的人脉在这时也发挥了很重要的作用。她找到一个摄影师朋友，一个做代购的朋友，分别讲述了他们在旅游中赚钱的故事。

这样的视频，又参加了平台活动，又是大家感兴趣的话题，怎么会不火呢？

就这样，章玉婷成功成为一个让人羡慕的，能在工作中成长，也能在旅行中获得满足和快乐的人。未来，她还会有更多的可能。

图书在版编目（CIP）数据

重塑 / 刘兴亮，白玉珊著 . —北京：东方出版社，2021.01
ISBN 978-7-5207-1682-6

Ⅰ . ①重… Ⅱ .①刘… ②白… Ⅲ .①职业选择—通俗读物
Ⅳ . ① C913.2-49

中国版本图书馆 CIP 数据核字（2020）第 172624 号

重塑

（CHONGSU）

作　　者：刘兴亮　白玉珊
责任编辑：姬　利　吴　俊
出　　版：东方出版社
发　　行：人民东方出版传媒有限公司
地　　址：北京市西城区北三环中路 6 号
邮　　编：100028
印　　刷：鸿博昊天科技有限公司
版　　次：2021 年 1 月第 1 版
印　　次：2021 年 1 月第 1 次印刷
印　　数：1—8 000 册
开　　本：710 毫米 ×1000 毫米　1/16
印　　张：17
字　　数：205 千字
书　　号：ISBN 978-7-5207-1682-6
定　　价：59.80 元
发行电话：（010）85924663　85924644　85924641
